MARINUS VAN BEUGEN

Agogische Intervention
Planung und Strategie

MARINUS VAN BEUGEN

Agogische Intervention

Planung und Strategie

Aus dem Niederländischen
von Christina von Passavant

LAMBERTUS-VERLAG

Das Originalwerk erschien in niederländischer Sprache unter dem Titel „sociale technologie ent het instrumentele aspect van agogische actie" bei Van Gorcum & Comp. N. V., Dr. H. J. Prakke & H. M. G. Prakke, Assen 1971, 4. Auflage.

© 1972, Lambertus-Verlag, Freiburg im Breisgau
Gestaltung: Werner Bleyer, Freiburg im Breisgau
Herstellung: Druckhaus Rombach+Co, Freiburg im Breisgau
ISBN: 3-7841-0044-9

Vorwort

Van Beugen's Studie hat das Gespräch über Wesen und Identität der agogischen Wissenschaft, das in den Niederlanden bereits in Gang gekommen war, angeregt und beschleunigt.

1962 erschien unter dem Titel „Die Wissenschaft der Sozialen Agogie" eine Broschüre von Dr. T. T. ten Have; sie war eine Bearbeitung verschiedener bereits früher publizierter Artikel. Ten Have wies darin auf die Schwierigkeit hin, daß der Begriff der Sozialpädagogik in verschiedenen Bedeutungen verwendet wird und zudem den Entwicklungen im Bereich des agogischen Handelns nicht ganz entsprechen kann. Als Nachteil erscheint ihm auch, daß in den verschiedenen Umschreibungen der Sozialpädagogik immer der Einzelne als Objekt oder Mit-Subjekt der Erziehung gesehen wird. Überdies bietet die Unterscheidung zwischen individueller und sozialer Pädagogik reichlich Probleme – dies um so mehr da, wo die Gefahr besteht, daß stark vereinfachend eine Parallele zwischen diesem Begriffspaar und zwei verschiedenen Ideologien – dem Individualismus und dem Kollektivismus – gezogen wird. Schließlich ist als vierter Punkt zu erwähnen, daß sich der Begriff „Pädagogik" eigentlich auf die Erziehung von Kindern und jungen Menschen bezieht. Die noch stets anwachsende Vielfalt von Dienstleistungs- und Bildungsaktivitäten für Erwachsene und mit Erwachsenen werden damit nicht erfaßt.

Auf diesem Hintergrund kommt ten Have zu folgender Einteilung:
– Pädagogik als Bezeichnung jenes Bereiches, der sich mit Kindern befaßt;
– Andragogik für die Arbeit mit Erwachsenen;
– Gerontagogik für die Arbeit mit Betagten.

Diese Begriffe – die auch in die deutschsprachige Fachliteratur Eingang gefunden haben – können im Blick auf den Hauptakzent, der der entsprechenden agogischen Aktivität zuerkannt wird, noch näher differenziert werden; solche Bezeichnungen sind z. B. Orthopädagogik, kulturelle Andragogie etc.

Als Oberbegriffe für die praktische Arbeit werden die Begriffe „Agogie", „agogische Arbeit" und „agogische Aktion" verwendet. Van Beugen gibt, wie wir in dieser Publikation sehen werden, dem letztgenannten den Vorzug.

In der agogischen Arbeit geht es um fachkundige Intervention in Veränderungsprozessen, die sich bei Individuen, in Gruppen, aber auch in Organisationen oder größeren Sozialgebilden abspielen können.

Ein erstes Durchdenken dieser agogischen Tätigkeit, ein Systematisieren von Erfahrungen, ein Überdenken der darin implizit enthaltenen Wertvorstellungen geschieht auf der Ebene der Praxistheorie oder der Agogik. Die wissenschaftliche Theoriebildung, das Entwickeln theoretischer Modelle im Blick auf verschiedene Arten der Intervention, auf Prozeßabläufe und auf Beziehungsformen zwischen Klientsystem und Dienstleistungssystem, das Überprüfen von Hypothesen, die aufgrund der praktischen Tätigkeit und der Agogik aufgestellt werden können, und schließlich das Erarbeiten geeigneter Untersuchungsinstrumente – dies alles spielt sich auf der Ebene der agogischen Wissenschaft oder Agologie ab.

Neben der oben aufgezeigten Linie, die von der Sozialpädagogik ausgeht, können auch andere Einflüsse nachgewiesen werden, die die Entwicklung der agogischen Wissenschaft gefördert haben. Dazu gehören das wachsende Bedürfnis nach wissenschaftlicher Erforschung und Theoriebildung in bezug auf verschiedene Arbeitsgebiete, die Entwicklungen im Rahmen wissenschaftlicher Disziplinen wie Sozialpsychologie und Soziologie und die wachsende Anzahl von Publikationen im Bereich des „planning of change".

Van Beugen's Buch ist ein erster Versuch zu einer theoretischen Besinnung auf die Fragen, die sich hinsichtlich des instrumentalen Aspektes der agogischen Aktion stellen. Es geht hier also um einen Teilbereich der agogischen Wissenschaft. Niemand, der die Praxis der agogischen Interaktion kennt und sich mit der Fachliteratur über Sozialarbeit, Erwachsenenbildung, Pädagogik und „planned change" befaßt hat, wird sich darüber wundern, daß ein solcher Themenkreis viele neue Fragen aufwirft – ja sogar mehr Fragen, als im jetzigen Zeitpunkt beantwortet werden können. Andererseits werden hier aber so wesentliche Probleme und Aspekte zur Diskussion gestellt, daß wir sie nicht einfach ignorieren können.

Greifen wir einige Punkte auf, die van Beugen in seiner Studie streift und auf die er selbst und andere Autoren in späteren Artikeln weiter eingehen: Ein wichtiger Fragenkreis betrifft die Bestimmung des Klienten. Wo lassen sich die wesentlichen Bedürfnisse oder die Notwendigkeit zur Veränderung lokalisieren? Ist der einzelne Mensch Klient – das Kind, der Erwachsene, der Betagte? Oder ist es eine der Gruppen, denen der Einzelne angehört –

die Familie, die Gruppe am Arbeitsplatz, die Nachbarschaft? Oder müssen die Gesellschaftsstrukturen, die die Entwicklungschancen des Einzelnen beschneiden, als Klient bezeichnet werden?

Und wer trifft diese Wahl: der potentielle Klient selbst, bestimmte Fachleute oder jene, die sich durch die Entwicklungen in der modernen Gesellschaft in ihrer Existenz irgendwie bedroht fühlen?

Auf welche Grundwerte beruft sich die agogische Aktion?

Und auch hier: Wer bestimmt diese Werte? Welchen Einfluß haben bestimmte philosophisch-anthropologische Anschauungen und/oder verschiedene Gesellschaftsbilder auf das Rollenspektrum des Agogen? Auf die Bestimmung des Klientsystems? Auf die Wahl und den Einsatz von Interventionsstrategien? Auf das Erarbeiten von Kriterien für die Diagnose der Ausgangssituation und auf das Formulieren der Ziele, auf die hin gearbeitet wird?

Wie gesagt, van Beugen's Studie gibt einen Anstoß zur Theoriebildung in bezug auf den instrumentalen Aspekt der agogischen Tätigkeit.

Die agogische Wissenschaft konnte – unter anderem dank dieser Publikation – die Phase des „unfreezing" rasch durchlaufen; hier liegt vielleicht das größte Verdienst des vorliegenden Buches. Die wissenschaftliche Theoriebildung und die Forschung sind, in enger Verbindung mit den Arbeitsfeldern der Praxis, in Bewegung gekommen und gehen auf ein gemeinsames Ziel zu: auf das Verbessern des Wohlbefindens des Menschen.

Wissenschaft und Praxis tragen nun gemeinsam die Verantwortung dafür, daß der begonnene Prozeß diesem Ziel entsprechend weitergeführt wird.

Amsterdam,
im November 1971

Wilhelmina F. van Stegeren
Professor für Sozialpädagogik und
Andragogik an der Freien Universität
Amsterdam

Vorwort zur zweiten Auflage

Das Schwergewicht dieser Studie liegt auf der Analyse sozial-technischer Aspekte der agogischen Aktion; sie will deutlich nicht den Anspruch einer „Einführung in die Agologie" erheben. Der Bereich der agogischen Aktion wird nur skizziert, während in bezug auf die Agologie als Wissenschaft, die sich mit der Analyse der agogischen Aktion befaßt, lediglich versucht wird, ihre Identität festzustellen.

In der Darstellung der Arbeitsbereiche der agogischen Aktion wurde zweifellos eine zu scharfe Grenze zwischen dem Bereich der *kulturellen Arbeit* und demjenigen des *Schulwesens* gezogen. Wir haben uns zwar daran gewöhnt, das Schulwesen als eine Funktion der Gesellschaft aufzufassen; als eine Funktion, die eine ganz eigene – um nicht zu sagen isolationistische – Struktur aufweist und die in der Tradition begründet und in ein Korsett von Bildungsgesetzen gepreßt ist. Ein Neudurchdenken ihrer Ziele und Mittel vom Gesichtspunkt einer Basis-Theorie der agogischen Aktion her könnte allerdings zu interessanten Perspektiven und provozierenden Fragestellungen führen.

Unsere Darstellung der agogischen Aktion wird auch dadurch eingeschränkt, daß wir von einer Anzahl agogischer Funktionen ausgingen, die wir in unserer Gesellschaft erkennen konnten, und die da – als „maintenance"-Funktionen – das bestehende soziale Gleichgewicht festigen. Mit dieser Aussage haben wir übrigens kein Urteil, weder ethisch noch ideologisch, über die gegenwärtige Gesellschaftsordnung abgegeben.

Wenn wir wirklich eine „Einführung in die Agologie" hätten schreiben wollen, dann hätte eine Analyse der agogischen Aktion in *verschiedenen* Gesellschaftsmodellen, die auf einer gesellschaftskritischen Theorie beruhen müßte, nicht fehlen dürfen. In einem anderen Gesellschaftsmodell als demjenigen, in dem sich die agogische Aktion gegenwärtig vollzieht, können andere agogische Funktionen auftreten oder der Inhalt der bestehenden Funktionen kann sich verschieben.

Auf dem Hintergrund eines Gesellschaftsmodelles, das z. B. stärker die Züge einer *partizipierenden* Demokratie aufweist, muß wahrscheinlich ein großer Teil der institutionalisierten Formen psycho-sozialer Hilfeleistung als repressiver Mechanismus unserer Gesellschaft aufgefaßt werden; soziale Begleitung als eine Art Anti-LSD mit bewußtseinsverengender Wirkung; kulturelle Arbeit als geheuchelte Mahnungen jener, die alles besser wissen. Agologische Theoriebildung hat unserer Meinung nach die Verantwortung, eine angemessene Distanz zu den bestehenden sozialen und kulturellen Ordnungen zu ermöglichen, indem sie deren Werte nicht impliziert, sondern explizit macht.

Es liegt auf der Hand, daß die in dieser Publikation beschriebenen Strategien der funktionalen Zusammenarbeit zwar für verschiedene Gesellschaftsmodelle Gültigkeit haben – und daher auch keine neue agogische „Lehre" (Agogik) bilden –, aber, sofern sie eine „maintenance"-Funktion haben, so kann es nur diese sein: Das Fördern des befriedigenden Funktionierens der Gesellschaft. Wo die finale Norm dieses Funktionierens durch die bestehenden Ordnungen abgewiesen wird, werden politisch-reformistische oder revolutionäre Aktionen nötig sein, um eine andere Ordnung herbeizuführen. Diese Aktionen benötigen eigene Strategien, die dann nicht nur Strategien der Zusammenarbeit sein können, sondern auch Machtstrategien; dies trifft überall dort zu, wo es um Konfliktsituationen geht. v. B.

Teil 1

Agogische Aktion

Kapitel 1

Problemstellung

Wenn man Fragen zur Diskussion stellen will, die sich auf die Theoriebildung jener Aktivitäten beziehen, die etwa als „sozialpädagogische Arbeit"
bezeichnet werden, sieht man, daß hinsichtlich der Bedeutung des Wortes
„sozialpädagogisch" keinerlei Übereinstimmung herrscht. Versucht man nun
zu erkennen, in welchen Zusammenhängen dieser Begriff angewandt wird,
stößt man auf eine bunte Reihe mehr oder weniger verwandter Bedeutungen. So wird zum Beispiel der Einfluß der Massenmedien als sozial-
pädagogisches Problem gesehen; dabei wird offensichtlich an die möglichen
negativen Einflüsse gedacht, die von diesen Medien ausgehen können. Aber
auch dem Verkehrsproblem wird ein sozialpädagogischer Aspekt zugeschrieben, der oft in der Forderung nach „Erziehung" der Verkehrsteil-
nehmer zusammengefaßt wird. Die genannten Beispiele weisen auf Probleme hin, an denen eine Vielzahl von Menschen beteiligt ist und die man
irgendwie angehen will – letzteres wird dann als „Erziehen" bezeichnet. So
gebraucht, erscheint der Begriff sozialpädagogisch noch einigermaßen deutlich, doch er wird gänzlich verschwommen, sobald er verstanden wird als
vage Andeutung eines ideellen Strebens der Gesellschaft als Ganzer oder
bestimmter Gruppierungen in ihr, von einer als weniger befriedigend
eingeschätzten Situation wegzukommen und einen befriedigenden Zustand
anzustreben.

Vor allem da, wo von so umfassenden und heterogenen Gruppierungen wie der
Jugend oder den Betagten die Rede ist, wird der Begriff sozialpädagogisch
leicht zur Betonung des Wertes der Bestrebungen angewandt.

*Ten Have (1962) gibt uns eine Übersicht über die verschiedenen Auffas-
sungen über Sozialpädagogik[1], die in der Literatur zu finden sind. Dabei
zeigt sich, daß zwischen den Auffassungen von Leuten wie Kohnstamm,*

---

[1] Der Unterschied zwischen (Sozial-)Pädagogie (d. h. das praktische Handeln) und
Sozialpädagogik (d. h. die Theorie, die dieses praktische Handeln zum Gegenstand hat) wird leider meist nicht konsequent durchgeführt.

Lievegoed, Perquin, Nieuwenhuis, Gielen und van Gelder ziemliche Unterschiede bestehen. Kohnstamm sieht als Ziel der Sozialpädagogie die Bildung des Menschen im Blick auf seine Aufgabe in der Gesellschaft. Lievegoed denkt an die Bildung von Gruppen. Perquin dagegen geht davon aus, daß in der Sozialpädagogie die Erneuerung der Gesellschaft zugunsten des Kindes zentral steht. Nieuwenhuis vertritt die Meinung, daß die Sozialpädagogie Bestandteil der individuellen Bildung ist und sich auf das Zusammenleben in Gruppen richtet. Van Gelder teilt diese Meinung, sieht weiter aber auch die Bildung von Gruppen und Gemeinschaften als Ziel der Sozialpädagogie. Für Stalpers (der von ten Have noch nicht erfaßt wurde) geht es schließlich darum, Individuen, Gruppen und Kategorien von Menschen dazu befähigen, auf befriedigendere Weise an der Gesellschaft teilzuhaben (1965).
Beim Überdenken dieser Auffassungen kommt ten Have zum Schluß,
1. daß sowohl in der Pädagogie wie in der Sozialpädagogie der Mensch Objekt der Aktivitäten ist;
2. daß dieses Objekt dabei in der Pädagogie als individuelles Wesen, *in der Sozialpädagogie als* gesellschaftsgebundenes Wesen *gesehen wird;*
3. daß dies einen Unterschied im Menschenbild und damit auch in der Zielsetzung impliziert.
Bei aller Verschiedenheit haben diese Umschreibungen einen Aspekt gemeinsam: das Betonen der Zielsetzung der Sozialpädagogie. Es werden somit, gleich wie in der individuellen Pädagogie(k), die normativen Aspekte zentral gestellt.

Eine positive Ausnahme in der Reihe ziemlich vager Umschreibungen bildet die Publikation von ten Have (1962), die nebst einer Übersicht über die verschiedenen Auffassungen sich sowohl mit dem Arbeitsbereich der sozialen (Päd-)Agogie wie mit der Wissenschaft, die sich mit der Analyse der Praxis dieses Gebietes befaßt, auseinandersetzt.

Bevor wir uns um eine möglichst präzise Umschreibung dessen, was wir zu dieser Praxis rechnen wollen, bemühen, möchten wir die vorläufige Abgrenzung, wie sie bei ten Have zu finden ist, übernehmen; danach zählen wir sowohl die *Hilfe* für den Menschen in sozialer Not wie die weitere *Bildung* auf das Ideale hin, soweit sie sich im Rahmen der Normalität vollzieht, zum Arbeitsfeld der Agogie. Dies bedeutet, daß wir einerseits die Sozialarbeit, andererseits aber auch die Erwachsenenbildung als agogische Arbeit auffassen[1].

Entwicklungstendenzen in der agogischen Arbeit

Seit Ende des Zweiten Weltkrieges hat die Entwicklung von allerlei Aufgaben agogischer Art eine Beschleunigung erfahren.

Wenn wir z. B. die *Sozialarbeit* betrachten, fällt die eindrückliche Zunahme der Zahl der Sozialarbeiter auf, begleitet von einer raschen Zunahme der Institutionen, die Sozialarbeit als Dienstleistung zur Verfügung stellen, von einer weitgehenden Differenzierung, von Spezialisierungen innerhalb der Sozialarbeit (wie betriebliche oder medizinische Sozialarbeit) und von einer Erweiterung und Vertiefung der Praxistheorie.

Innert eines halben Jahrhunderts hat sich die Sozialarbeit von einer philanthropischen Bewegung zu einer Funktion der Gesellschaft entwickelt. Das heißt, daß ihr Schwerpunkt nicht mehr auf der urpersönlichen Motivation liegt, die sich im Bewegtsein vom Los des notleidenden Menschen äußert, sondern auf dem Erkennen einer Verantwortung gegenüber der Gesellschaft und als Folge davon auf dem Anbieten einer spezialisierten Form der Hilfeleistung, die auf wissenschaftlichen Erkenntnissen und sozialem Geschick beruht.

Man kann diese Entwicklung auch als einen Professionalisierungsprozeß bezeichnen, der vor allem in den letzten zehn Jahren stark fortgeschritten ist.

Greenwood (1957) und Boehm (1959) kommen zum Schluß, daß die Sozialarbeit bereits zu einem vollwertigen Beruf geworden ist. Sie berufen sich dabei auf folgende Faktoren der Sozialarbeit:

1. Es kann von einer anerkannten Funktion in der Gesellschaft gesprochen werden;

2. die Sozialarbeit hat eine systematische Fachtheorie und Methodik;

3. der Beruf genießt genügend Prestige, das sich von einer Ausbildung herleitet;

4. dem Beruf liegt eine explizite Basis von Werten und Haltungen zugrunde;

---

[1] Wir deuten hier bewußt eine Erweiterung des Begriffs an: Soziale *Pädagogie* – Soziale *Agogie* – *Agogie* (incl. Erwachsenenbildung).

5. es bestehen Berufsorganisationen.
Unserer Meinung nach sind allerdings hinsichtlich dieser Punkte noch einige Mängel anzuführen:
1. Die Identität der Sozialarbeit respektive der Inhalt dieser Funktion ist noch sehr in Diskussion;
2. von optimaler Nutzung wissenschaftlicher Erkenntnisse kann noch nicht die Rede sein;
3. das Prestige des Berufes ist weit geringer als dasjenige anderer helfender Berufe, wie z. B. der medizinischen;
4. die ideologischen Grundlagen konnten zu wenig von denjenigen des amerikanischen Social Work gelöst werden und sind daher kaum auf die spezifische Art anderer Gesellschaften abgestimmt;
5. die Berufsorganisationen haben noch wenig dynamische Wirkung.
Wir ziehen daraus denn auch den Schluß, daß der Professionalisierungsprozeß eindeutig noch nicht abgeschlossen ist.

Auch auf dem Gebiet der *seelischen Gesundheitspflege* haben sich in den letzten Jahren einschneidende Veränderungen vollzogen. Die Psychiatrischen Kliniken haben mehr und mehr ihren Anstaltscharakter verloren. Sie wurden zu Behandlungszentren, in denen von sehr verschiedenen Behandlungstechniken psychotherapeutischer, sozialtherapeutischer und medikamentöser Art Gebrauch gemacht wird. Auch hier sind neue Spezialisierungen entstanden. Die Forensische Psychiatrie trug dazu bei, daß dem Aspekt der psychischen Störungen bei Delinquenten mehr Beachtung geschenkt wurde; Geriatrie und Sozialpsychiatrie – mit Polikliniken, Vor- und Nachsorgediensten, geschützten Werkstätten etc. – erschlossen neue Behandlungsmöglichkeiten.
Die veränderte Arbeitsweise der Psychiatrischen Kliniken hat jedoch nicht nur die „Offenheit" für den Patienten in seiner Beziehung zur Gesellschaft (besonders zu seiner eigenen Umwelt) vergrößert, sondern auch die Offenheit der psychiatrischen Disziplin gegenüber anderen helfenden Berufen; so haben z. B. der klinische Psychologe und der Sozialarbeiter vielerorts einen wesentlichen Platz im Behandlungsteam erhalten.
Ein anderes Arbeitsfeld, in dem tiefgreifende Veränderungen im Gang sind, ist die *Heimerziehung.* Die Praxis und die Theorie der Unterbringung in Familien wurden durch Erkenntnisse der modernen Psychologie stark beeinflußt; die Beratung von Pflegefamilien durch Sozialarbeiter zeichnete sich

damit deutlicher ab. Gleichzeitig begannen die Heime, stärker zwischen (ortho)pädagogischer und psychotherapeutischer Ausrichtung zu differenzieren.

Es wurden auch neue Behandlungsmethoden entwickelt, wie z. B. die therapeutische Familienpflege als Behandlungsmethode für Kinder mit schweren Verhaltensstörungen. Bei dieser Methode wird ein Gleichgewicht angestrebt zwischen einem psychotherapeutischen Teil der Behandlung und einem sozialtherapeutischen Teil, der die Plazierung in einer Pflegefamilie und die intensive Beratung der Pflegeeltern durch einen Sozialarbeiter umfaßt.

Beim Versuch, auf sozialem Gebiet mit den sozialökonomischen und den technischen Veränderungen in der Gesellschaft Schritt zu halten, spielt in den letzten Jahren die *Gemeinwesenarbeit* eine immer wichtigere Rolle – sowohl auf ländlich-regionaler wie auf städtischer Ebene. In den Betrieben gewinnen Trainings, die auf die zwischenmenschlichen Beziehungen ausgerichtet sind, zunehmend an Bedeutung. Die Personalführung erhielt im Zusammenhang mit der Übertragung verhaltenswissenschaftlicher – vor allem sozialpsychologischer – Erkenntnisse deutlich methodische Züge.

Auf dem Gebiet der *kulturellen Arbeit* entstanden sowohl in ländlichem wie in städtischem Rahmen neue Beratungs- und Förderungsorgane. Volkshochschulen, Bildungszentren auf weltanschaulicher Basis, Nachbarschaftshäuser etc. experimentieren mit neuen Arbeitsweisen. Die moderne kulturelle Arbeit distanziert sich deutlich von der paternalistischen und schulmeisterlichen Volksbildungsarbeit, wie sie sich im letzten Jahrhundert unter dem Einfluß der Aufklärungsideale herausgebildet hatte.

Ten Have (1965, Einleitung) beschreibt die tiefere Bedeutung dieser Entwicklung als einen Wandel von der Kulturvermittlung zur Entwicklung kreativer Kräfte, von inhaltlicher Zielsetzung zum Anbieten von Material und Mitteln (von direktiv zu non-direktiv).

Im Vergleich zur Sozialarbeit, zur seelischen Gesundheitspflege und zur Heimerziehung ist die Professionalisierung in den übrigen Bereichen viel weniger fortgeschritten. Sehr oft sind noch kaum Ansätze für eine systematische Theorie oder formulierte Arbeitsmethoden vorhanden.

Diese „Stichprobe" aus dem gesamten Feld agogischer Arbeit zeigt, wie sehr sich die schnellen und tiefgreifenden sozialen Veränderungen auch hier auswirken. Dies kann allerdings nicht verwundern; denn, wie Dewy einst bemerkte, „... history in being a process of change generates change not only in details but also in the method of directing social change." * (zitiert in Bennis, Benne, Chin; 1962, Seite 2).

Die Notwendigkeit einer präziseren Umschreibung

Bevor wir uns mit dem Verhältnis zwischen wissenschaftlicher Theorie und agogischer Arbeit befassen können, scheint es wichtig, zuerst zu klären, was nun unter agogischer Arbeit genau zu verstehen ist. Wo so verschiedene Arbeitsgebiete wie Sozialarbeit, Gemeinwesenarbeit und kulturelle Arbeit auf einen Nenner gebracht werden, müssen die Gemeinsamkeiten, die dies rechtfertigen, angegeben werden.

Die vorläufige Umschreibung, die wir von ten Have übernahmen – Hilfe in sozialen Notlagen und Bildung in normalen Situationen auf das Ideale hin – läßt viele Fragen offen.

Zuerst stellt sich die Frage, inwiefern agogische Arbeit ausschließlich durch bestimmte *Werte* (z. B. das Beheben sozialer Not) charakterisiert wird, oder ob sie auch in *Zielbegriffe* – als Resultat einer bestimmten Beeinflussung – gefaßt werden kann. Oder anders gesagt: kann der Inhalt der angestrebten „mehrwertigen Situation" (ten Have) näher präzisiert werden? Und wie verhalten sich diese Ziele des Agogen nun zu den Werten dessen, auf den die agogische Arbeit ausgerichtet ist, und zu jenen Werten, die in der Gesellschaft gelten?

Eine Präzisierung scheint auch wünschbar hinsichtlich der Art der Beziehung zwischen den beiden Partnern. Wie verhält sich diese zu unseren „gewöhnlichen" zwischenmenschlichen Beziehungen, denen der berufliche Aspekt fehlt?

Welche Bedeutung hat übrigens dieser berufliche Faktor – den wir bereits verschiedentlich als wichtig bezeichnet haben – für die Charakteristik der agogischen Arbeit? Fallen Erziehung in der Familie, Nachbarschaftshilfe etc.

---

* Die Geschichte, als Veränderungsprozeß gesehen, führt nicht nur zu Veränderungen in Einzelheiten, sondern auch in der Methode der Beeinflussung des sozialen Wandels.

Die Übersetzungen der englischen Zitate werden durch einen * gekennzeichnet.

auch unter den Begriff der agogischen Arbeit? Oder sollte hier eine Grenze gezogen werden?
Die zentrale Frage dieser Studie wird diejenige nach dem Ort des instrumentalen Aspektes in der agogischen Arbeit sein. Auf verschiedenen Teilgebieten haben sich Arbeitsmethoden herauskristallisiert: gesprächstherapeutische Methoden, Methode der Sozialen Einzelhilfe etc. Wie sind diese Methoden entstanden? In welchem Verhältnis stehen bei jeder dieser Methoden der Einfluß der Praxiserfahrung und der Wissenschaft?
Die Tatsache, daß sich die einzelnen Arbeitsmethoden isoliert von den anderen entwickelten, hatte nebst Vorteilen auch einige gravierende Nachteile.
Als Vorteil wäre zu nennen, daß auf diese Weise von verschiedenen Bereichen her versucht wurde, bei einer großen Vielfalt von Hilfeleistungen und Bildungsaktivitäten methodisch vorzugehen, wodurch dem Praktiker ein breites Spektrum von Beeinflussungsmöglichkeiten erschlossen wurde.
Schwerer dürfte unserer Ansicht nach jedoch der Nachteil wiegen, der sich aus dem Fehlen vergleichender Analysen, die auf gemeinsame Aspekte hinweisen könnten, ergibt. Es bleibt unklar, welche Konzepte und Beeinflussungstechniken über das Gebiet, in dem sie entwickelt wurden, hinaus generalisierbar sind; fundamentale Aspekte der agogischen Arbeit – man denke zum Beispiel an Widerstand gegen Veränderungen – müssen innerhalb der verschiedenen Arbeitsbereiche immer neu mühsam wiederentdeckt werden. Hier fehlt deutlich eine Basistheorie des instrumentalen Aspektes der agogischen Arbeit, die die Grundstruktur des agogischen Handelns erhellen könnte.
Dabei ergibt sich die Frage, inwiefern eine solche Basistheorie zu den Möglichkeiten – und nicht ausschließlich zum Wünschbaren – gehört und welches ihr Charakter sein sollte. Sollte sie Teil einer anderen Disziplin sein? Oder sollte sie den Charakter einer selbständigen Wissenschaft haben? In welchem Verhältnis sollte sie zu den Verhaltenswissenschaften stehen? Und was kann dabei von einer weiteren Verwissenschaftlichung der Fachtheorie erwartet werden?
Oder sollte diese Aufgabe durch die Verhaltenswissenschaften übernommen werden, die sich ja immer stärker auf praktische Problemstellungen ausrichten und als „angewandte Wissenschaften" dazu tendieren, sich unter anderem auch mit agogischen Fragen zu befassen?

Wenn unsere Antwort auf die Wünschbarkeit eines mehr oder weniger starr abgegrenzten Bereiches der Theoriebildung abzielt, so ist eine genauere Bestimmung der Identität einer solchen Basistheorie des instrumentalen Aspektes der agogischen Arbeit nötig. Dabei ist vor allem die Frage zu beachten, ob eine solche Theorie einen wissenschaftlich-beschreibenden Charakter haben und damit eine bloße Aufzählung der Methodik übersteigen kann.

Bevor diese Frage zu beantworten ist, muß eine ausführliche Analyse der Beeinflussungsprozesse stattfinden, die Träger derjenigen Veränderungen sind, die in der agogischen Arbeit durch jene vollzogen werden, auf die die Hilfe ausgerichtet ist. In welchem Maße sind z. B. die verhaltenswissenschaftlichen Theorien, die sich mit Verhaltensänderungen befassen, brauchbar? Schließlich geht es in der agogischen Arbeit um eine besondere Art der Verhaltensänderung, nämlich um jene, die durch bewußt eingesetzte *Interventionen* des Agogen zustande gebracht wird. Da das Resultat solcher Interventionen weder ausschließlich dem Zufall zugeschrieben noch deterministisch aufgefaßt werden kann, wird man in der Theoriebildung ein anderes „Modell" der Beeinflussung finden müssen.

Man wird prüfen müssen, ob ein *strategisches* Modell, das auf teilweiser Voraussehbarkeit möglicher Folgen von Interventionen basiert und das bis heute vor allem in der Spieltheorie Verwendung fand, auch auf das übertragen werden könnte, was in der agogischen Beziehung geschieht. Auch ist zu fragen, ob ein solches Denkmodell den Unterschieden in den agogischen Arbeitsbeziehungen, die ja sowohl therapeutische Interventionen (Psychotherapie) wie informative Beeinflussung (in der Bildungsarbeit) umfassen, genügend Rechnung trägt.

Diese Studie kann nicht auf alle oben genannten Fragen mehr oder weniger definitive Antworten geben; sie beabsichtigt, wie dies der Erforschung eines noch sehr wenig bearbeiteten Gebietes entspricht, eine Klärung der Problemstellung, die Formulierung von Hypothesen und das Erstellen vorläufiger erklärender Aussagen. Wir hoffen, daß auf diese Weise ein Beitrag zum Sammeln von Material als Ausgangspunkt für einen Gedankenaustausch zu einem Problemkreis gegeben werden kann, der nach unserer Überzeugung von ausschlaggebender Bedeutung für die Erhaltung und Förderung der Menschenwürdigkeit unserer Existenz ist.

Indem wir die Gefahr erkennen, daß soziale Techniken ihren dienenden
Charakter verlieren und zu einer Bedrohung der Menschheit werden
können, glauben wir, daß eine wissenschaftliche Erfassung und Einordnung
dieser Techniken dem Menschen dazu verhelfen kann, da, wo er sich selbst
als Instrument gebraucht, eine kritische Distanz zu wahren.
Lorenz (1964) weist darauf hin, daß den Naturwissenschaften gelegentlich
der Vorwurf gemacht, wird, sie hätten den Menschen in eine gefährliche
Situation gebracht, indem sie ihm eine allzu große Macht über die Natur
gaben. Diesen Vorwurf halten wir, wie übrigens auch Lorenz, nur dann für
gerechtfertigt, wenn man der Wissenschaft gleichzeitig vorwirft, daß sie den
Menschen in seinen Beziehungen zu anderen bisher höchst ungenügend zum
Objekt ihrer Untersuchungen gemacht hat. „Denn die Gefährdung der
heutigen Menschheit entspringt nicht so sehr ihrer Macht, physikalische
Vorgänge zu beherrschen, als ihrer Ohnmacht, das soziale Geschehen ver-
nünftig zu lenken." (1964)

Kapitel 2
Merkmale der agogischen Aktion

Wir wollen nun den Begriff der agogischen Arbeit – der unterschiedlich und meist sehr vage beinhaltet wird – verlassen und den Begriff *agogische Aktion* übernehmen.

Mit diesem Begriff wollen wir bereits eine erste Präzisierung anbringen, indem wir ihn als eine „Aktion" umreißen, die sich von der „Agogie" unterscheidet.

Den Begriff „Agogie" wollen wir natürlichen Lebenssituationen – in Familie, Gruppen und Gesellschaft – vorbehalten, in denen Beeinflussungsprozesse vorhanden sind, die wir als Erziehung, Bildung oder Hilfe bezeichnen, bei denen aber die Beziehung zwischen den beiden Parteien nicht bewußt zum Zwecke dieser Beeinflussung eingegangen wurde.

Erziehung in der Familie geschieht nicht aufgrund eines ausdrücklichen Entschlusses, eine pädagogische Beziehung aufzunehmen, sondern als eine natürliche Folge der gefühlsmäßigen Bindung zwischen Eltern und Kindern.

Die aktive Mitgliedschaft in einem Sportverein hat sicher agogischen Wert – im Sinne der Bildung –, ohne daß dabei jedoch von einer bewußten agogischen Situation gesprochen werden könnte.

Nachbarschaftshilfe, die auf Solidaritätsgefühl, Tradition oder Sympathie beruht, ist ja auch „soziale Hilfe", aber als solche eine direkte Folge häufigen gegenseitigen Umgangs und Aufeinanderangewiesenseins.

In allen diesen Beispielen geht es um Beeinflussungsprozesse, die innerhalb natürlicher Lebenssituationen stattfinden.

Den Begriff „agogische Aktion" wollen wir jedoch verwenden, um eine „künstliche" Beziehung zu bezeichnen, die bewußt dort eingesetzt wird, wo die natürlichen Lebensbeziehungen auf irgendeine Weise nicht zu genügen vermögen.

„Planned change"

Vor allem in den Vereinigten Staaten hat sich schon seit Jahren die Theoriebildung hinsichtlich der agogischen Aktion angebahnt. Zu den wichtigsten Werken, in denen das Feld der agogischen Aktion zu erfassen versucht wird,

gehört Lippitt, Watson und Westley's „Dynamics of planned change" (1958
und die von Bennis, Benne und Chin herausgegebene Artikelsammlung „The
planning of change" (1962).
Lippitt e. a. umschreiben „planned change" als Veränderungen, die entstehen
„... from a purposeful decision to effect improvements in a personality
system or social system and which is achieved with the help of professional
guidance" * (S. VI).
Sie machen in ihrem Buch eine vergleichende Analyse der Prinzipien und
Arbeitsweisen verschiedener helfender Berufe, die planned change anstreben.
Dabei ist der Einfluß von Kurt Lewin deutlich; seine Auffassung klingt
durch, daß sich Wissenschaft und Demokratie in einem rationalen Ent-
scheidungsmodus begegnen sollten, im Handeln und in der Auswertung der
Resultate dieses Handelns. Dieses rationale Element wird bei Lippitt e. a.
betont.
Dies gilt übrigens auch für Bennis e. a., was bereits aus ihrer Umschreibung
des Begriffs „planned change" hervorgeht; sie bezeichnen ihn als „... a
conscious deliberate and collaborative effort to improve the operations of a
system, whether it be self-system, social system or cultural system, through
the utilization of scientific knowledge" ** (S. 3).
In beiden Umschreibungen zeigt sich die Tendenz, sich auf agogische Aktion
auszurichten und nicht auf das, was wir „Agogie" nannten. Wohl können
auch bei der Erziehung in der Familie planmäßige rationale Elemente
mitspielen (dies wird ja gerade auch durch die pädagogische Aufklärung und
die Massenmedien gefördert), doch bleibt das spontane Handeln primär,
dessen wichtigste Bestandteile die Erfahrung und die Intuition sind. Dem-
gegenüber wird in der agogischen Aktion – die generell dem Begriff
„planned change" gleichgestellt werden kann – versucht, menschliches, auch
wissenschaftliches, Wissen im höchstmöglichen Maße zu nutzen, um dadurch
dem Handeln rationalen Charakter zu verleihen. Dies schließt nicht aus, daß

---

* ... aufgrund eines bewußten Entschlusses, Verbesserungen in einem Persönlich-
   keitssystem oder in einem sozialen System herbeizuführen. wobei dieses Ziel mit
   Hilfe beruflicher Beratung erreicht wird.
** ... ein bewußter, überlegter und auf Zusammenarbeit ausgerichteter Versuch, das
   Funktionieren eines Systems, sei es nun ein „self system", ein soziales System oder
   ein kulturelles System, durch den Gebrauch wissenschaftlicher Kenntnisse zu verbessern.

auch hier Erfahrung, Intuition und charismatische Begabung eine Rolle spielen können, aber sie sind nicht primär.

Phasen der agogischen Aktion

Es wäre falsch, die Planmäßigkeit der agogischen Aktion ausschließlich als abgerundete Planungsphase aufzufassen, die dem eigentlichen Handeln vorausgeht. Wohl werden in den Theorien des „planned change" verschiedene Aktionsphasen unterschieden – wie z. B. Diagnose, Zielsetzung, Bestimmung des Vorgehens etc. –, doch können diese nur sehr beschränkt als chronologisch gesehen werden.

Es trifft eher zu, daß der *Anfang* von Aktivitäten, wie z. B. des Diagnostizierens, einen bestimmten Ort in der Chronologie der gesamten Aktion hat, doch daß von da an diese Aktivitäten einen *festen Bestandteil* der Aktion ausmachen. Es hat z. B. sicher keinen Sinn, ein Arbeitsziel festzulegen, bevor diagnostische Angaben verfügbar sind; dies heißt jedoch nicht, daß während der weiteren Aktion die Diagnose je als definitiv beendet gelten kann.

Auch da, wo die Einführung der Veränderung bereits begonnen hat, muß versucht werden, die Diagnose laufend zu ergänzen und die Arbeitsziele entsprechend zu revidieren. Was als „Phasen" bezeichnet wird, könnte auch verstanden werden als Momente in einem sich laufend wiederholenden Zyklus von Teilaktivitäten, die ohne gesetzmäßige Chronologie sind. Als wesentlichste Momente lassen sich *Vorbereitung, Durchführung* und *Auswertung* erkennen. Diese lösen einander während der ganzen agogischen Aktion fortlaufend ab.

Die Planmäßigkeit spielt nun innerhalb jedes einzelnen dieser Momente eine Rolle. Bei der Vorbereitung (Abklären der Motivation und Stellen einer Diagnose) wird man in der Regel keine „trial and error"-Methoden anwenden; es gibt auch eine Planung der Planung, z. B. beim Erstellen eines diagnostischen Schemas die Aufstellung der diagnostisch relevanten Aspekte, über die man weitere Information benötigt. Im Bestimmen dieser Aspekte, mit Hilfe derer ein diagnostisches Gespräch (oder eine andere Technik) auf einen umgrenzten Problembereich gesteuert werden kann, schlägt sich diese Planmäßigkeit nieder.

Auch zur Durchführung gehört ein anhaltendes planmäßiges Element: das bewußte Abstimmen der Beeinflussung auf die unmittelbaren, situations-

bedingten Gegebenheiten, wie z. B. die Gemütslage, in der sich ein Klient in der Sozialarbeit während eines Gespräches befindet.
Aber auch die Auswertung als kontrollierendes Moment in der agogischen Aktion, durch das die Resultate der Beeinflussung eingeschätzt oder gemessen werden, vollzieht sich fortdauernd. Zu Beginn der agogischen Aktion kann durch eine Auswertung z. B. der Frage nachgegangen werden, ob man genügend Information über die Ausgangssituation besitzt. Während der Beeinflussung selbst findet dann eine fortdauernde Rückkoppelung (feed back) über denjenigen, auf den die Beeinflussung ausgerichtet ist, statt; auch dies kann als Basis für eine Auswertung genommen werden. Und schließlich erfolgt, falls die Sache gut aufgebaut ist, auch eine Auswertung der Auswertung, in der überprüft wird, ob die Schlußfolgerungen auf objektiven Tatsachen beruhen und z. B. nicht auf einer emotionellen Selbsteinschätzung durch den Agogen. Diese könnte leicht zu tief (man faßt das Geschehene dann als Mißerfolg auf) oder zu hoch (was zu einem ungerechtfertigt positiven Urteil über die erreichten Resultate führt) ausfallen.
Planung, Durchführung und Auswertung treten daher in der agogischen Aktion immer wieder auf und geben dieser gemeinsam den Charakter der Rationalität: überlegte Entscheidungsweise, bewußt eingesetzte Beziehung und objektives Urteil in bezug auf Resultate.

Das Dienstleistungssystem

Seit 1947 der Begriff „change agent" durch den Stab der National Training Laboratories in Bethel (USA) als Bezeichnung für den Beeinflussenden in „planned change"-Aktivitäten anerkannt wurde, hat er immer mehr an Boden gewonnen. Bennis e. a. (1962) umschreiben den „change agent" als „... any agent used by a client-system to help bring about improved performance".*
Dabei wird in der Regel an einen einzelnen Helfer oder an ein Team gedacht. Wir möchten jedoch deutlich auch auf die Organisation hinweisen. In der Sozialarbeit z. B. hat die Entwicklung auf eine gesellschaftliche

---

* ... jeder Agent, den ein Klientsystem gebraucht, um mit seiner Hilfe zu besserem Funktionieren zu kommen.

Funktion hin dazu geführt, daß die Hilfeleistung organisiert und bürokratisiert werden mußte. Es ist daher die Organisation, die die Aktivitäten zur Hilfeleistung einsetzt und steuert mindestens dadurch, daß sie sich weitgehend auf die berufliche Kompetenz des Sozialarbeiters verläßt, wie Van der Vegt 1966 feststellt, und dann hinzufügt, daß damit der einzelne Helfer und die Organisation je eine wichtige Komponente des gesamten Hilfeleistungssystems bilden: Beim Sozialarbeiter liegt das Schwergewicht auf der zwischenmenschlichen Beziehung, bei der Organisation dagegen auf allgemeinen Richtlinien, die in Vorschriften, normiertem Vorgehen etc. festgehalten sind.

Es scheint uns daher richtig, sowohl das Individuum, das Team wie die Organisation als möglichen „change agent" zu sehen, wobei diese Systeme nicht selten *gemeinsam* auftreten; oft ist der Praktiker (Subsystem) Mitglied eines Arbeitsteams (größeres System), das seinerseits Teil einer Institution oder Organisation (Totalsystem) ist.

Van der Vegt weist zu Recht darauf hin, daß hier die Ursache vieler Probleme liegt, da die Subsysteme und das Totalsystem leicht in eine Konfliktsituation geraten können.

Obwohl der Begriff „change agent" auch in den Niederlanden gebraucht wird, wollen wir hier einen eigenen Begriff einführen. Wir werden in diesem Buch von D i e n s t l e i s t u n g s s y s t e m sprechen.

Hinsichtlich der Beziehung, in der das Dienstleistungssystem zur anderen Partei steht, unterscheiden sich die Auffassungen von Bennis e. a. von denjenigen von Lippitt e. a.

Lippitt e. a. sind der Meinung, daß das Dienstleistungssystem per Definition *außerhalb* des Systems, in das Veränderungen eingeführt werden sollen, steht. Praktisch heißt dies, daß ein sozialwissenschaftlicher Berater, der sich mit der Verbesserung der zwischenmenschlichen Beziehungen in einem Betrieb befaßt, nicht selbst in Linien- oder Stabsfunktion Angehöriger des betreffenden Betriebes sein kann.

Bennis e. a. dagegen sehen, daß das Dienstleistungssystem zwar in vielen Fällen nicht Teil des zu beeinflussenden Systems ausmacht; sie führen jedoch drei Gründe an, die aufzeigen, daß es sich dabei nicht um eine prinzipielle Trennung handeln muß:

1. Unter bestimmten Umständen besitzen Systeme, die sich verändern müßten, selbst die dazu erforderlichen potentiellen Hilfsquellen;

2. um sich der sich laufend verändernden Umgebung anpassen zu können,

muß das zu verändernde System einen „eingebauten" „change agent"
haben;

3. das Dienstleistungssystem selbst ist selten die einzige, unabhängige, beeinflussende Instanz, sondern Teil eines größeren Systems (z. B. einer Hilfs-
organisation). Dies bedeutet, daß es eigentlich um die Schaffung eines
Bindegliedes zwischen zwei Systemen geht, wobei die Dienstleistungsorgani-
sation immer den unabhängigen Hintergrund darstellt, von dem aus ein
individuelles Dienstleistungssystem – sei es nun in einem festen Anstellungs-
verhältnis oder nicht – mit der anderen Partei eine Beziehung eingeht.

Vermutlich lassen sich die unterschiedlichen Auffassungen auf einen Gedan-
kenfehler zurückführen, der Lippett e. a. unserer Meinung nach unterlaufen
ist. Sie weisen nämlich auf einen Gegensatz zwischen *spontanen* Entwicklungsprozessen *innerhalb* des zu verändernden Systems und *planmäßiger*
Hilfe, die *von außen her* diesem System vermittelt wird, hin.

Dieser Gegensatz scheint uns nicht sauber zu sein. Spontane Reaktionen
können sich durch nicht bewußt eingesetzte Beeinflussungselemente ja auch in
der Beziehung zwischen Dienstleistungssystem und der andern Partei ergeben. Ebenso können Veränderungen „von innen her" durch rationale Steue-
rungsprozesse, wie z. B. Denkprozesse beim Individuum, Meinungsbildungs-
gruppen in einem Betrieb etc. zustandekommen. Spontaneität und Planmäßigkeit stimmen also nicht mit dem Gegensatz innen/außen überein. Wir
glauben, daß man diesen Fragenkreis sauberer vom Gesichtspunkt der
psychologischen (Un-)Abhängigkeit des Dienstleistungssystems angehen
kann.

Bamforth (1965) betont bei seiner Beschreibung des Einsatzes der T-Gruppen-
methode im Betrieb, es sei absolut notwendig, daß der Berater eine völlig
unabhängige Rolle einnehmen kann. Als wichtigste Merkmale einer solchen
Rollenerfüllung nennt er:

1. es wird nur auf ausdrücklichen Wunsch eingegriffen;
2. es wird keine Information eingeholt oder abgegeben, die nicht allen
Beteiligten zugänglich ist;
3. es wird kein Druck ausgeübt, sondern ausschließlich beratend oder inter-
pretierend vorgegangen;
4. es besteht eine streng einzuhaltende berufliche Schweigepflicht;
5. die Beziehung muß funktional bleiben, was heißt, daß vermieden werden

muß, daß in der Beziehung Aspekte einer vorwiegend persönlichen Beziehung auftreten;

6. diejenigen Personen, die durch die Aktion indirekt betroffen sind, indem sich diese z. B. auf sie auswirken wird, müssen ihre Zustimmung zur Aktion geben.

Diese Punkte sind natürlich stark durch die jeweilige Arbeitssituation mitbestimmt. Sie weisen jedoch allesamt auf die Notwendigkeit hin, daß der Helfer in einer psychologisch unabhängigen Situation stehen muß.

Wenn wir diese Unabhängigkeit als eines der Merkmale des Dienstleistungssystems anerkennen, dann wird die Frage, ob der Agoge nun innerhalb oder außerhalb des Systems derer, denen geholfen werden soll, steht, von sekundärer Bedeutung. Allerdings kann gesagt werden, daß es im allgemeinen da, wo der Helfer selbst dem zu verändernden System angehört, schwieriger ist, diese Unabhängigkeit aufrechtzuerhalten.

Wir schließen uns somit der Meinung von Bennis e. a. an und lassen beim Begriff des Dienstleistungssystems offen, ob es sich dabei um völlig selbständig handelnde Systeme (z. B. ein Bildungszentrum), „eingebaute" Dienstleistungssysteme (z. B. die Abteilung Kaderschulung in einem Betrieb) oder „angeschlossene" Dienstleistungssysteme (z. B. einen sozialwissenschaftlichen Berater, der von einem Betrieb mit einem bestimmten Projekt betraut worden ist) handelt.

Die zu fordernde Unabhängigkeit kann nicht losgelöst von einem anderen Merkmal des „change agent" gesehen werden, nämlich von demjenigen der Professionalität.

Ein Aspekt dieser Professionalität ist der Berufskodex, der unter anderem verhindern soll, daß die Kenntnisse des Dienstleistungssystems zu nichtagogischen Zwecken gebraucht werden. Von einem solchen festgelegten und gesellschaftlich anerkannten Berufskodex kann nun allerdings im Blick auf das gesamte Gebiet der agogischen Aktion noch keine Rede sein, wohl aber hinsichtlich einiger Teilgebiete (z. B. da, wo die Psychiatrie als medizinische Disziplin einen wesentlichen Anteil hat). Dies ist jedoch nicht das einzige Anzeichen dafür, daß die Professionalisierung noch nicht abgeschlossen ist, wie wir dies hier auch für die Sozialarbeit festgestellt haben (Seite 18 f.). Viele agogische Berufe weisen in bezug auf die Ausbildung, die Berufsorganisation, die Methodik und die Theoriebildung noch beträchtliche Schwächen auf. Wir glauben jedoch davon ausgehen zu können, daß die persönliche Motivation nicht mehr dominiert und die Entwicklung auf einen Beruf hin in vollem Gange ist; wir betrachten daher die *Berufsmäßigkeit* als ein weiteres Merkmal agogischer Aktion.

Das Klientsystem

Gleichzeitig mit dem Begriff „change agent" wurde in der Anfangszeit der T-Gruppenmethode der Begriff „Klientsystem" zur Bezeichnung des Individuums oder der Gruppe von Individuen eingeführt, bei dem oder der Veränderungen angestrebt werden.

Bei Lippitt e. a. geht es sehr deutlich um psychosoziale Systeme wie die Person, die Gruppe, die Organisation oder die Gesellschaft.

Bennis e. a. erwähnen neben dem „self system" und den sozialen Systemen auch kulturelle Systeme als mögliche Zielpunkte agogischer Aktion. Es scheint uns jedoch, daß da, wo es um *agogische* Aktion geht, auch diese kulturellen Systeme psychosozialen Charakter haben sollten. Das Sprachsystem als kulturelles System kann ja wohl nie Gegenstand agogischer Aktion sein.

Ten Have formuliert (1962, Seite 43): Der *Mensch* ist jederzeit Ansatzpunkt und Zielpunkt des agogischen Handelns. Ziel kann dabei das gestaltete zwischenmenschliche Verhalten (soziale Agogie) oder das gestaltete geistigsittliche Leben (kulturelle Agogie) sein.

Die Unterscheidung zwischen Person, Gruppe, Organisation und Gesellschaft erscheint übrigens auf den ersten Blick einfacher, als sie in diesem Zusammenhang ist. Hier einige mögliche Komplikationen:

1. Verschiedene Systeme können so eng miteinander in vielfältigen Beziehungen stehen, daß das zu beeinflussende System nur schwer als abgrenzbare Größe zu erkennen ist.

Bei Problemen in einer Familie, die Anlaß zur einen oder anderen Form der Hilfeleistung geben, wird oft das Kind als „Klientsystem" aufgefaßt (z. B. bei Schul- und Erziehungsschwierigkeiten); bei einer ausführlichen psychosozialen Diagnose zeigt sich jedoch nicht selten, daß gute Gründe vorhanden sind, um die Familie als ganze als (potentielles) Klientsystem zu verstehen, da das Kind psychologisch die Rolle des Sündenbocks erfüllt, was in

Wirklichkeit als Ausdruck der Eheschwierigkeiten der Eltern gesehen werden muß (Bell und Vogel, 1960).

2. Bei der Arbeit mit Stabsgruppen innerhalb einer Organisatin oder mit Vertretern eines lokalen Gemeinwesens in der Gemeinwesenarbeit taucht die Frage der Beziehungen zwischen dem, was man mit *Mikrosystem* (die direkten Arbeitskontakte zwischen dem Agogen und dem Klientsystem) bezeichnen kann, und zwischen den *Makrosystemen* (das „Hinterland" beider Parteien) auf. Es ist erwiesen, daß Veränderungen im Mikrosystem nicht ohne weiteres – auch wenn dies etwa angenommen wird – zu entsprechenden Veränderngen im Makrosystem führen.

3. Auch da, wo das Klientsystem deutlich abgegrenzt werden kann, bleibt manchmal das Problem der *Übertragung der Resultate* der Beeinflussungssituation (z. B. der Psychotherapie) auf die natürliche Lebenssituation (z. B. die Familie). Von dieser natürlichen Lebenssituation werden mindestens bestätigende Elemente erwartet, die zu einer Festigung der Resultate führen. Wenn die soziale Umgebung sehr starr ist, kann es nötig werden, sie als Peripherie des Klientsystems aufzufassen und in die Aktivitäten einzubeziehen.

Wir ziehen aus dem Gesagten den Schluß, daß man vorsichtig sein muß und das Klientsystem nicht ohne weiteres als geschlossenes System auffassen kann. Das Erkennen und Verwerten der Tatsache, daß verschiedene Systeme (Person, Gruppe, Organisation und Gesellschaft) ineinander verschachtelt sind, scheint uns für die wirksame Durchführung einer agogischen Aktion wesentlich.

Neben dem Begriff Klientsystem wird in der Literatur hin und wieder auch derjenige des Zielsystems (target system – Loomis, 1959) aufgezählt. Es führt jedoch oft zu Mißverständnissen, wenn vom Ziel ausgegangen wird; man könnte ja auch *innerhalb* des Klientsystems von Zielen sprechen, wenn eine bestimmte agogische Aktivität vor allem auf gewisse Zielbereiche des Klientsystems, z. B. den kognitiven Aspekt, ausgerichtet ist. Wir ziehen es daher vor, einen anderen Begriff zu wählen.

Als Gegenstück zum Begriff des Helfers scheint uns derjenige des Klienten brauchbar, wenn uns auch klar ist, daß dieser in der Sozialarbeit recht exklusiv gebraucht wird. Mangels eines besseren Ausdruckes wollen wir auch hier vom *Klientsystem* sprechen. Damit kann sowohl ein Kursteilnehmer in der Bildungsarbeit, ein Gesprächsteilnehmer in einer Intergruppe der

Gemeinwesenarbeit, ein Klient in der Sozialarbeit wie ein Psychiatriepatient bezeichnet werden.

Zwischen einem Klientsystem mit Erwachsenen und einem solchen mit Kindern bestehen beträchtliche Unterschiede, die wir bis anhin nicht berücksichtigten.

In der agogischen Arbeitssituation wird der Klient prinzipiell als selbständig handelndes Wesen gesehen (wenn auch nicht immer de facto). In der pädagogischen Arbeitssituation ist diese Selbständigkeit nicht Ausgangspunkt, sondern Ziel des Agogen; das Kind steht ja noch in einem Entwicklungsprozeß, der teils endogene und teils exogene Momente aufweist. Die pädagogische Aktion hat denn auch den Charakter des Steuerns eines Entwicklungsprozesses.

Zu Beginn liegt die Verantwortung für die Art der pädagogischen Interventionen ganz beim Erzieher; auch wenn sie während der weiteren Entwicklung auf die Erwachsenheit hin kontinuierlich abnimmt. Die somatische, psychische und physische Abhängigkeit des Kindes schafft zudem deutlich die Notwendigkeit einer personorientierten, affektiven Beziehung des Agogen zum Kind[1], nur daß es auch von daher sinnvoll scheint, die pädagogische Theorie von einer andragogischen zu trennen. Andererseits gibt es genügend gemeinsame Aspekte, um beim Besprechen einiger grundlegender agogischer Problemkreise den Unterschied zwischen Pädagogie und Andragogie beiseite zu lassen.

Nur da, wo wir ausdrücklich die Unterschiede zwischen den beiden Disziplinen betonen wollen, sprechen wir von „pädagogisch" respektive „andragogisch"; im übrigen gebrauchen wir den Begriff „agogisch".

Die Beziehung zwischen Dienstleistungssystem und Klientsystem

Die Beziehung zwischen dem Dienstleistungssystem und dem Klientsystem weist Merkmale auf, die sie sowohl von der Ich-Du-Beziehung (Buber)

---

[1] Das affektive Moment in der *andragogischen* Arbeitsbeziehung ist noch keine rein *persönliche Beziehung* und braucht dies auch nicht zu sein, da sich die andragogische Aktion gewöhnlich *außerhalb* der natürlichen Lebenssituation abspielt; dies im Unterschied zur pädagogischen Aktion.

unterscheidet, in der dem Partner in seiner ganzen Identität begegnet wird, wie auch von der konventionellen Beziehung, die geradezu unpersönlich ist und von gesellschaftlichen Regeln bestimmt wird, oder von der instrumentellen Beziehung, in der der Partner ausschließlich als Werkzeug, als Mittel zum Zweck, gesehen wird.

In Defares' (1963) Ausführungen zu den Grundformen menschlicher Beziehungen finden wir eine Beziehungsform – die *funktionale Beziehung der Zusammenarbeit* – die es uns ermöglicht, die agogische Beziehung von anderen Beziehungsarten abzugrenzen.

Über diese funktionale Beziehung der Zusammenarbeit sagt Defares: „Es ist ein Geschehen, in dem die einzelnen Teile (die sich verhaltenden Personen) zu einem *System*[1] beitragen, das auf die Verwirklichung eines Zieles ausgerichtet ist. Das System wird durch ein anhaltend wechselndes, jedoch *organisiertes* gegenseitiges *Abkommen* der Mitglieder untereinander aufrechterhalten" (Seite 192). Oder, wie Asch sagt (zitiert in Defares, Seite 189): „Neither (person) would act in just the same way in absence of the other; what each contributes is a function of his relation to the other in the task. We have not a mere addition of forces, but an *organization* of effort." *

Nebst der funktionalen Beziehung der Zusammenarbeit unterscheidet Defares drei andere Beziehungsformen: die persönliche Beziehung, die konventionelle Beziehung und die mechanische Beziehung.

Persönliche Beziehungen sind durch ein gefühlsmäßiges Aufeinanderausgerichtetsein gekennzeichnet, das sich in emotionell-expressivem Verhalten äußert.

Konventionelle Beziehungen sind durch Regeln strukturiert, an die man sich halten muß; sie äußern sich in strikte vorgeschriebenem Verhalten.

Mechanische Beziehungen sind rein äußerlich; es sind automatische Gewohnheiten, die sich in mechanischen Bewegungen äußern.

Defares vollzieht im wesentlichen eine Präzisierung dessen, was Oldendorff (1955) sachliche oder funktionale Beziehung nennt. Er untersucht die ver-

---

[1] Die agogische Beziehung bildet ein *zeitlich begrenztes* (Inter-)System, das das Dienstleistungssystem und das Klientsystem als *permanente* Systeme umfaßt.

* Keiner der Beteiligten würde bei Abwesenheit des anderen in der genau gleichen Weise reagieren; was jeder beiträgt, ist eine Funktion seiner Beziehung zum andern in der gegebenen Aufgabe. Es geht nicht um eine bloße Summierung von Kräften, sondern um ein Organisieren von Bestrebungen.

schiedenen Beziehungsformen nach zwei Dimensionen – Voraussehbarkeit und Verinnerlichung – und kommt dabei zum Schluß, daß die funktionale Beziehung der Zusammenarbeit sowohl hinsichtlich der Voraussehbarkeit wie der Verinnerlichung eine mittlere Position zwischen der persönlichen und der konventionellen Beziehung einnimmt.
Was die Voraussehbarkeit betrifft, so ist diese bei der persönlichen Beziehung gering (Spontaneität); dagegen ist sie bei der konventionellen Beziehung, wo die allgemeingültige Norm konformierend wirkt, besonders hoch. Die funktionale Beziehung der Zusammenarbeit erfährt durch das Ziel, das angestrebt wird, eine Strukturierung. Dadurch wird die Strategie in wesentlichem Maße festgelegt. Sie ist jedoch *nicht* vollständig determiniert – es gibt strategische Alternativen, und in jedem Fall bleibt ein Spielraum für verschiedene *Interventionen* (das sind die konkreten Handlungen, die vollzogen werden, um eine Strategie *in einer gegebenen Situation* durchzuführen. Diese teilweise Vorhersehbarkeit ist typisch für das strategische Denkmodell (s. Kapitel 10).
Was nun das Ausmaß an Verinnerlichung betrifft: in der persönlichen Beziehung ist der höchste Grad an Verinnerlichung vorhanden. Liebe und Haß werden ausgedrückt, sei es spontan oder, bei Verdrängung, in durch Abwehrmechanismen bestimmten Formen; so oder so ist jedoch die affektive Komponente ausschlaggebend für die Qualität der Beziehung.
Bei der konventionellen Beziehung dagegen ist die Verinnerlichung durch die Beteiligten unwesentlich; die Personen sind prinzipiell auswechselbar, sie vertreten eine Kategorie (Verkäufer, Kunde etc.). In der funktionalen Beziehung der Zusammenarbeit ist die Verinnerlichung insofern von Bedeutung, als die Wahrnehmung innerer Dimensionen wichtig ist, um das eigene Verhalten auf dasjenige des andern abstimmen zu können. Sie steht hier im Dienste einer beeinflussenden Aktivität und wird durch die gemeinsame Aufgabe strukturiert. Die diesbezüglichen gegenseitigen Erwartungen und die richtige Einschätzung sind ausschlaggebend für die zu wählende Strategie. Damit werden wir uns später noch ausführlicher befassen (Kapitel 10).
In einer Hinsicht könnte man sich allerdings fragen, ob Defares' Begriff wirklich auf die agogische Arbeitsbeziehung – und nicht nur auf die kooperative Arbeitsbeziehung in einem Team – angewandt werden kann. Defares schließt sich ja Oldendorffs Begriff der funktionalen Beziehung an,

die dieser umschreibt als „eine Beziehung, die aufgrund eines bestimmten Objektes besteht, und bei der dieses Objekt sowohl die Norm wie die Grenze der Beziehung festlegt" (Oldendorff, 1955, Seite 50). Hier wird somit deutlich auf ein *äußerliches* Ziel verwiesen. Kann aber bei agogischer Aktion davon gesprochen werden?

Oberflächlich gesehen, scheinen die Arbeitssituationen in einem Betrieb, in der eine Gruppe innerhalb einer Abteilung gemeinsam ein Ziel (Produktion) anstrebt, das außerhalb der gegenseitigen Beziehungen liegt, sehr verschieden von der Situation des Erwachsenenbildners, der sein Ziel *innerhalb* des Klientsystems festlegt.

Sobald jedoch der Erwachsenenbildner mit dem fliegenden Teppich seiner anthropologischen Anschauungen über z. B. die Förderung des Schöpferischen auf den Boden der nüchternen Begriffe zurückkehrt, wird auch er seine Ziele äußerlich beschreiben, und zwar als eine bestimmte Form des Verhaltens des Klientsystems in der Lebenssituation – ein Ziel also, das außerhalb der direkten Arbeitsbeziehung liegt.

Zusammenfassend kann somit gesagt werden, daß auch da, wo wir mit subjektiven Bedürfnissen („needs") zu tun haben, doch immer eine Übertragung dieses Aspektes des Erlebens auf objektiv wahrnehmbares Verhalten stattfindet.

Thelen (1954) befaßt sich ebenfalls mit dieser Frage; sie erwähnt das Prinzip des „external demand" (Seite 181 ff.) als eine der wichtigsten sozialtechnologischen Grundlagen.

Darunter versteht Thelen das Entstehen des Gefühls, daß eine bestimmte Aufgabe erfüllt werden muß. Dies setzt eine Objektivierung voraus; d. h., daß die konkreten Ziele unabhängig von allen subjektiven Gefühlen, Überlegungen etc. gemacht werden.

Einige häufig vorkommende Formen eines solchen „Externalisationsprozesses" sind:

1. Aufträge einer mit einer gewissen Macht versehenen Person, die sich als Druck auszuwirken beginnen;

2. veränderte Gegebenheiten in der Umwelt, die eine Anpassung nötig machen;

3. das Übertragen interner Bedürfnisse nach außen in Form von externen Beziehungen, die verändert werden müssen.

Die Beeinflussung

Die agogische Aktion läßt sich in ihrer Form gegen z. B. Schulwesen, Seelsorge und medizinische Behandlung dadurch abgrenzen, *daß vorwiegend von sozialen Techniken Gebrauch gemacht wird.* Bei sozialen Techniken denken wir an das methodische Einsetzen von Interaktionsprozessen[1].
Solche soziale Techniken sind übrigens nicht ausschließlich in der agogischen Aktion vorhanden und reichen daher nicht aus, um diese zu charakterisieren. Auch im kommerziellen Sektor (Verkaufstechnik) und in der Politik werden bewußt soziale Techniken eingesetzt, um nicht-agogische Ziele zu erreichen. Wie jede Technik kann auch die soziale Technik nicht mit einem bestimmten Sektor der gesellschaftlichen Wirklichkeit identifiziert werden – auch wenn Bereiche erkennbar sind, in denen die Technik dominiert (z. B. die physische Technik im Industriesektor). Technik, verstanden als instrumentaler Aspekt des menschlichen Handelns, durchzieht die gesamte Kultur (Dippel, 1952). Das Anerkennen dieses sozial-technischen Aspektes als eines wichtigen Merkmales der agogischen Aktion braucht noch keine Mißachtung des Zielaspektes und damit des Normativen zu bedeuten. Und noch weniger ist damit eine Verteidigung der sozialen Technokratie gemeint, also einer Gesellschaft, in der jene die Macht haben, die die sozialen Techniken beherrschen. Die agogische Arbeit hat eine *gesellschaftliche* Funktion und ist daher keinesfalls identisch mit der Anwendung sozialer Techniken; der instrumentale Aspekt erhält seine Bedeutung ja gerade von der Zielsetzung her.
„... Es ist die Methodik, die der Motivation die erforderlichen Instrumente verschafft und dadurch eine Bewegung, die hauptsächlich durch guten Willen und Überzeugung getragen ist, zu einer gesellschaftlichen Funktion anwachsen läßt, die durch einen Auftrag der Gesellschaft als ganzer gekennzeichnet und durch Wissen und Können legitimiert ist", bemerkte de Jough (1965) in bezug auf die Sozialarbeit. Zweifellos gelten diese Worte für ein viel breiteres Feld der agogischen Arbeit.
Der Gebrauch sozialer Techniken bedeutet, die Rationalität in den helfenden Berufen so effektiv wie möglich einzusetzen. Dies schließt auch ein Eingehen auf die Reaktionen des Klientsystems ein und bietet dadurch

---

[1] Die hier noch nicht aufgenommenen möglichen Unterschiede zwischen „Methoden" und „Techniken" werden später noch behandelt (S. 63 f., 124 f.).

Möglichkeiten zu einer dynamischen Form der Planung, die wir später als *strategische Planung* noch näher betrachten werden (Kapitel 10). Für den eigentlichen Beeinflussungsakt wollen wir *Intervention* verwenden; damit ist angedeutet, daß es in der höchst komplexen Interaktion zwischen Dienstleistungssystem und Klientsystem (mit u. a. persönlich-subjektiven und konventionellen Komponenten) um ein „Zwischen-beide-Kommen" geht. Dieser Interventionsbegriff darf nicht deterministisch aufgefaßt werden; es darf weniger an eine vollständige Bestimmtheit des Klientsystems durch das Dienstleistungssystem gedacht werden, als eher an eine katalysierende Wirkung des Dienstleistungssystems auf sich im Klientsystem selbst abspielende Prozesse (s. auch Kapitel 10).

Werte, Ziele und das Problem der Macht

Beim Umschreiben der Ziele des „planned change" kommen sowohl Lippitt e. a. wie Bennis e. a. zu einer *formalen* Aussage, indem sie von „Verbesserungen in einem System" oder „verbessern der Funktionsfähigkeit eines Systems" sprechen. In dieser Umschreibung wird der Wertaspekt nur implizit behandelt; jede Verbesserung setzt jedoch eine Norm voraus, anhand derer beurteilt werden kann, ob eine angebahnte Veränderung wirklich einer Verbesserung gleichkommt. Die Werte, die von verschiedenen Bereichen in die agogische Aktion eingebracht werden, spielen eine zentrale Rolle. Einige dieser Bereiche wollen wir hier anführen:
a) Vorerst sind da die Wertvorstellungen des Klientsystems zu nennen, die in persönlichen Normen (basierend auf Erfahrung), sozialen Normen (die in der sozialen Umwelt des Klientsystems gelten) und ideellen Normen (durch die persönliche und soziale Normen kritisch von als universal akzeptierten, transzendenten Werten aus beurteilt werden) zum Ausdruck kommen;
b) auch das Dienstleistungssystem geht von Wertvorstellungen aus. Diese äußern sich in beruflichen Normen (z. B. im Berufskodex);
c) falls das Dienstleistungssystem Teil einer Institution oder Organisation ist, gelten auch hier Wertvorstellungen (in Richtlinien festgelegt);
d) sowohl für das Dienstleistungssystem wie für das Klientsystem gilt, daß sie einem gemeinsamen Kulturkreis[1] angehören. Feibleman (1965, Seite 270)

---

[1] Wir sehen hier von überkultureller (cross-cultural) Beeinflussung gänzlich ab.

spricht von einem „basic value system", das Werte umfaßt, „which exist outside the individuals who are immersed in it and whose judgments dictated by feelings are thus brought into accord with objective reality" *. Differenzen zwischen den Basiswerten des Dienstleistungssystems und des Klientsystems können Anlaß zu missionarischen und propagandistischen Aktivitäten oder Überredungskünsten geben; agogische Aktion ist in diesem Fall jedoch unmöglich;

e) die Arbeitsziele der agogischen Aktion müssen sehr sorgfältig auf ihre Wertkomponenten hin analysiert werden. Werte als endgültige Sinngebung der agogischen Aktion und konkrete Arbeitsziele können sehr weit auseinander liegen; es kann leicht zu einem Bruch zwischen Werten und konkreter Zielsetzung kommen. Dies gilt vor allem da, wo im Unterschied zum relativ konstanten Charakter der Wertvorstellungen die Ziele Veränderungen unterworfen sind (Myrdal, 1958). Dabei spielen die Erweiterung des Spektrums der wissenschaftlichen Erkenntnisse und der sich daraus ergebende Glaube an die Möglichkeiten, bestimmte Veränderungen herbeiführen zu können, eine Rolle. Aber auch situationelle Faktoren, wie Entwicklungsprozesse im Klientsystem, gesellschaftliche Veränderungen etc., erfordern eine laufende Überprüfung der Arbeitsziele;

f) schließlich finden wir die normative Komponente auch im *Instrumentarium* der agogischen Aktion. Jedes Mittel ist ja Mittel zu einem Zweck und impliziert daher bestimmte Ziele. Diese normative Komponente muß jedoch gesondert im Rahmen der Frage nach dem Ort der sozialen Techniken in der agogischen Aktion analysiert werden (s. Seite 60 ff.).

Bisher kam das Problem der Macht nur implizit zur Sprache; wir deuteten es an beim Umschreiben der agogischen Beziehung als einer *Beziehung der Zusammenarbeit* und in der Besprechung des Wertaspektes, wo die Frage aufgeworfen wird, welche Wertvorstellungen Priorität erhalten, wenn sich Gegensätze – z. B. zwischen den Wertvorstellungen des Dienstleistungssystems und des Klientsystems – ergeben.

Wenn wir uns nun explizit mit der Frage nach der Rolle, die die Macht innerhalb der agogischen Aktion spielt, auseinandersetzen wollen, so wird

---

* ... die außerhalb der Individuen liegen, die darin eingeschlossen sind und deren gefühlsmäßige Auffassungen dadurch in Übereinstimmung mit der objektiven Realität gebracht werden.

dies durch den komplexen Charakter des Machtbegriffes stark erschwert. Im weitesten Sinne wird Macht etwa mit Beeinflussung gleichgestellt; in sehr eingeschränkter Bedeutung versteht man darunter physische Sanktionen. Wir wollen uns der recht weitgefaßten Umschreibung durch Mulder (1958) anschließen, der Machtausübung sieht als „das in einem gewissen Maße Bestimmen des relevanten Verhaltens des anderen, in dem Sinne, daß diesem Verhalten eine bestimmte Richtung gegeben wird".

Der intentionelle Charakter dieser Beeinflussung grenzt das Ausüben von Macht gegenüber spontaner, nicht zielgerichteter Beeinflussung, wie sie in der persönlichen Beziehung erfolgt, ab. Wir glauben nun, ausgehend von Mulders Umschreibung, daß es nicht zu leugnen ist, daß in der agogischen Beziehung Machtelemente vorhanden sind. Wir setzen uns dabei deutlich von der Auffassung von Van den Berg (1963) ab, der in einer eher, gekünstelten Konstruktion Macht „spiegelbildnerisch" der Hilfe gegenüberstellt. Innerhalb der agogischen Aktion treten verschiedene Grade des Machtgebrauchs auf. Bei sehr großer Abhängigkeit des Klientsystems (z. B. beim hospitalisierten psychiatrischen Patienten) kann die Dienstleistung sehr nahe bei Machtausübung mit Zwangscharakter liegen; bei geringerer Abhängigkeit spielt die auf Identifikation und Wissen beruhende Macht („expert power") eine Rolle.

Wenn wir das Machtspektrum (Action Research, 1960) im Schema betrachten, können wir genauer bestimmen, welche Machtverhältnisse innerhalb der Beziehung zwischen Dienstleistungssystem und Klientsystem auftreten.

1	1	.9	.8	.7	.6	.5	.4	.3	.2	.1	0	0
1	0	.1	.2	.3	.4	.5	.6	.7	.8	.9	1	0

Machtkonflikt	Zusammenarbeit	kein Machtfaktor

Aufgrund der Zielsetzungen der agogischen Aktion kommt eine Situation, die durch einen Machtkonflikt (1/1) gekennzeichnet ist, nicht in Betracht. In einem solchen Fall wären die Wertvoraussetzungen der beiden Systeme im Widerstreit.

Da in der agogischen Situation, wenn wir von Mulders Umschreibung der Macht ausgehen, immer Machtelemente vorhanden sind, kann auch jene Situation ausgeschlossen werden, in der der Machtfaktor keine Rolle spielt (0/0).

In der Beziehung der Zusammenarbeit – die wir als Merkmal der agogischen Aktion bezeichneten – bilden die Verhältnisse 1/0 und 0/1 Grenzsituationen. Kann nämlich von umfassender Abhängigkeit (1/0) gesprochen werden, so wird die agogische Aktion z. B. zur Pflege (etwa bei schweren Psychiatriefällen), zu auf legitimer Basis beruhender Beeinflussung (Autoritätsbeziehung) oder zur Manipulation (Machtmißbrauch).
Auch das Verhältnis 0/1 ist eine Grenzsituation. Einerseits setzt es eine Selbständigkeit des Klientsystems voraus, die eigentlich agogische Aktion überflüssig machen sollte. Andererseits kann auch keineswegs mehr von einem unabhängigen Dienstleistungssystem gesprochen werden. In diesem Fall fehlt die Basis für gezielte Beeinflussung vollständig, so daß nicht mehr von agogischer Aktion gesprochen werden kann.
Wir glauben, daß die wirklich vorhandenen Machtverhältnisse in der agogischen Beziehung durch verschiedene Faktoren bestimmt werden und innerhalb der Grenze von umfassender Abhängigkeit (1/0) und völliger Selbständigkeit (0/1) liegen. Es scheint uns, daß die Voraussetzung der *Gleichheit* der Machtverhältnisse (im Spektrum: .5/.5) für jeden „planned change", wie sie Bennis e. a. (1962) vertreten, nicht den tatsächlichen Verhältnissen entspricht. Allerdings muß in einer Situation, in der die Abhängigkeit des Klientsystems ein Übergewicht an Macht auf seiten des Dienstleistungssystems auslöst, nach einem Machtausgleich als vorläufigem Ziel auf dem Weg zu einer Endsituation, in der die Selbstbestimmung des Klientsystems eine immer größere Rolle spielt, angestrebt werden. Die Macht des Dienstleistungssystems (im Sinne von „expert power") kann dann ersetzt werden durch das, was Bennis (1965) als „value power" bezeichnete: der Wert des *Inhaltes* der Veränderung wird vom Klientsystem als eigene Wertvoraussetzung anerkannt.
Wenn wir nun zum Schluß gekommen sind, daß auch innerhalb einer funktionalen Beziehung der Zusammenarbeit eine Machtkomponente vorhanden ist, muß gleichzeitig auf den *instrumentalen* Wert dieser Machtkomponente hingewiesen werden. Es kann nie um Macht als Selbstzweck gehen.
Das Machtverhältnis innerhalb der Beziehung wird durch die *Aufgabe* bestimmt, nicht durch ein Machtstreben an sich. Aber nicht nur innerhalb der direkten Beziehung zwischen Dienstleistungssystem und Klientsystem kann von einer Machtkomponente gesprochen werden; auch auf institutioneller Ebene außerhalb der Interaktion gibt es eine entsprechende Komponente.

Wertvorstellungen wie z. B. diejenigen der Sozialarbeit oder der Bildungsarbeit können sehr konservativ sein oder aber gerade im Gegensatz zu in der Gesellschaft vorhandenen Strömungen stehen. Dadurch können sie zu einem Machtfaktor auf sozialem und politischem Gebiet werden. Auch innerhalb einer agogischen Institution oder Organisation ist die Machtkomponente erkennbar; die hierarchische Struktur und die organisatorischen Leitlinien stehen neben einer beruflich ausgerichteten Praxis (s. auch Seite 29, wo wir die Beziehung zwischen dem Agogen und der Organisation bereits anschnitten).

Auch wenn von einer recht großen Autonomie des Praktikers gesprochen wird, die dadurch gerechtfertigt ist, daß sich dieser auf eine berufliche Haltung und Berufsnormen stützen kann, muß doch von der Führungsspitze der Organisation aus versucht werden, zu so angemessen wie möglich gestalteten Regelungen der Dienstleistungsaktivitäten zu kommen (Van der Vegt, 1966).

Wir wollten mit dem Gesagten den Problemkreis der Macht in der agogischen Aktion andeuten. Es ist ein Problemkreis, der die dauernde Aufmerksamkeit des Agogen erfordert, damit „Entgleisungen" vermieden werden können; eine entsprechende wissenschaftliche Analyse ist nötig. Dabei müßte überprüft werden, ob die häufig gebrauchte Unterscheidung verschiedener Arten von Macht, wie sie z. B. von van French und Raven (Cartwright e. a., 1960)[1] gebraucht wird, durch eine empirische Analyse agogischer Aktion bestätigt werden könnte oder aber sich als ungenügend systematisierte Erfassung des Phänomens Macht entpuppt.

Wir möchten festhalten, daß eine solche Analyse dringend nötig ist; die Feststellung von van den Berg, daß in der Hilfeleistungssituation keine Macht vorhanden ist, scheint uns ein ernstliches Hindernis, um den agogischen Prozeß erhellen zu können. Im Sinne einer Zusammenfassung dessen, was wir als Merkmale agogischer Aktion herausarbeiten, wollen wir nun eine systematische Definition versuchen.

Obwohl auch wir die Abneigung gegen langatmige Definitionen teilen, glauben wir nicht, daß die Voraussetzungen gegeben sind, um alle Aspekte in der gewünschten kurzen, prägnanten Weise definieren zu können. Wo jedoch

---

[1] French und Raven unterscheiden folgende Grundformen der Macht: auf Belohnung beruhende Macht, auf legitimer Autorität beruhende Macht, auf Identifikation beruhende Macht und „expert power".

ein krampfhaftes Streben nach Kürze – wie es uns manchmal vorhanden zu sein scheint, wenn es um die Definition so komplexer Phänomene wie der agogischen Aktion geht – dazu führt, daß nur ein sehr rudimentäres Bild des zu definierenden Gegenstandes gegeben werden kann, scheint uns die Sorgfältigkeit einer Definition gegenüber der sprachlichen Einfachheit Priorität zu haben.

Unter agogischer Aktion wollen wir somit verstehen:

die planmäßige Vorbereitung, Durchführung und Auswertung
von auf sozial-technischen Strategien beruhenden Interventionen,
die durch ein unabhängiges Dienstleistungssystem (Individuum, Gruppe oder Organisation) eingesetzt werden,
das dazu eine berufliche funktionale Beziehung der Zusammenarbeit mit einem Klientsystem (Individuum, Gruppe, Organisation oder Gemeinschaft) eingeht,
mit der Absicht, Veränderungen herbeizuführen,
die das Verbessern der psycho-sozialen Struktur
und/oder der Funktionsfähigkeit des Klientsystems beinhalten,
wobei die Arbeitsziele innerhalb der Wertvorstellungen dieses Klientsystems festgelegt werden,
sofern diese nicht in einem Konflikt
zu den Wertvorstellungen der Gesellschaft, der beide Systeme angehören, stehen.

Kapitel 3
Das Feld agogischer Aktion

Beim Aufzeigen einiger Entwicklungstendenzen in der agogischen Arbeit wiesen wir auf verschiedene Arbeitsgebiete hin, ohne dabei aber Vollständigkeit anzustreben.

Die Institutionalisierung der agogischen Arbeit wird stark durch die Gegebenheiten von Ort und Zeit bestimmt, was zu einem oft unübersichtlichen Komplex von Organisationen und Institutionen geführt hat, deren Zielsetzungen sich oft deutlich unterscheiden, oft aber auch sehr nah beisammenliegen.

Um die Frage, in welchen Arbeitsfeldern agogische Aktion vorkommt, besser beantworten zu können, scheint es sinnvoll, die formal umschriebenen Ziele agogischer Aktion (das Verbessern der Struktur und/oder der Funktionsfähigkeit eines psychosozialen Systems) inhaltlich zu füllen.

Dabei wollen wir von einer arbeitshypothetischen Unterteilung in *mögliche* gesellschaftliche Funktionen der agogischen Aktion ausgehen, um danach zu sehen, inwiefern *aktuelle* gesellschaftliche Funktionen mit dieser Unterteilung übereinstimmen, respektive welche Arbeitsgebiete sich de facto unterscheiden lassen. Der Aufbau, den wir dabei benützen, beruht auf einer näheren Charakterisierung möglicher Ausgangs- und Endsituationen der Aktion.

Funktionen in der Gesellschaft

In einigen Formen agogischer Aktion ist die Ausgangssituation durch ein *subnormales* Funktionieren des Systems oder durch Störungen in der Struktur gekennzeichnet.

Störungen können sowohl in „self-systems" wie in sozialen Systemen auftreten. Mit der Beschreibung von Störungen befassen sich Disziplinen wie die Psychopathologie und die soziale Pathologie. Dem Verhältnis zwischen individueller und sozialer Pathologie wurde bisher in der wissenschaftlichen Theoriebildung noch wenig Beachtung geschenkt. Die Bedeutung vermehrter

Kenntnis dieses Verhältnisses ist jedoch deutlich; eine „kranke" Organisation z. B. kann die Lebensbedingungen so einschränken, daß dies zur Schädigung der individuellen seelischen Gesundheit oder zu Abwehrreaktionen wie Einreichen einer Kündigung oder eines Antrages auf Versetzung führt (Argyris, 1963). Die Endsituation, die, falls agogische Aktion eingesetzt wird, hier angestrebt wird, zielt auf das Wiederherstellen der normalen Funktionsfähigkeit, respektive der normalen Struktur. Die mögliche gesellschaftliche Funktion ist in diesem Fall das *Beheben psychosozialer Störungen.*

Es gibt auch Formen agogischer Aktion, bei denen eine Notsituation fehlt, aber trotzdem berufliche Hilfe eingesetzt wird. Dies scheint uns mit dem Unterschied zwischen *normal* und *optimal* zusammenzuhängen. Es ist für die westliche Kultur typisch, daß die Normalität des menschlichen Verhaltens als eine Spanne aufgefaßt wird, innerhalb der eine Anzahl verschiedener Verhaltensalternativen als akzeptabel erscheint. Ebenso typisch für unsere Kultursituation ist, daß im Rahmen dieser Möglichkeiten die *optimalen* – das heißt, die in einer gegebenen Situation wirksamsten – nicht mehr ohne weiteres zu erkennen sind oder gar spontan gewählt werden. Im Gegenteil, es lassen sich in der Kultur verschiedenartige Tendenzen erkennen, die eine nicht-optimale Anpassung des Menschen an die Gesellschaft fördern (Fromm, 1958).

Agogische Aktion kann dazu beitragen, daß leichter eine optimale Lösung für ein Problem gefunden wird, daß unnötige Spannungen abgebaut werden und daß auf diese Weise ein für den Menschen möglichst günstiges psycho- und sozialhygienisches Lebensklima geschaffen wird.

Dort, wo in der Ausgangssituation keine wirklichen Störungen vorhanden sind, hat agogische Aktion *präventive* Funktion; sie verhindert subnormales Funktionieren. Das Bestreben, von einer normalen zu einer optimalen Situation zu kommen, wollen wir im folgenden *„soziale Begleitung"* nennen.

Auch die optimale Situation kann Ausgangspunkt für agogische Aktion sein, nämlich überall dort, wo die Norm der Effektivität durch eine andere Norm ersetzt wird, die aus einer anthropologischen Sicht oder aus Gesellschaftsidealen abgeleitet ist. Hier erhält die Veränderung den Charakter einer Modifikation der *Ebene* des Funktionierens.

Wenn man die menschliche Existenz nicht ausschließlich als durch biologische und soziale Triebe bestimmt sieht, sondern auch als *Aufgabe* versteht, kann von einem *Bedürfnis nach Bildung* gesprochen werden, das sowohl die geistig-sittliche wie die soziale Kultur betrifft.

Wo in dieser Weise versucht wird, eine Endsituation zu erreichen, die die Ausgangssituation in ihrem Wert übersteigt, wollen wir von *sozialer und geistig-sittlicher Bildung* sprechen.

Der Kürze halber wollen wir im weiteren die genannten möglichen Gesellschaftsfunktionen mit *psychosozialer Hilfeleistung, sozialer Begleitung* und *Bildung* bezeichnen.

Wenn wir nun überprüfen, welche Gebiete der Praxis mit dieser Unterteilung übereinstimmen, so werden unsere Bemühungen dadurch erschwert, daß – unter anderem unter dem Einfluß der modernen verhaltenswissenschaftlichen Theorie mit ihrer Betonung des Menschen als somatopsycho-sozial-geistigem Wesen – Grenzen, die früher scharf gezogen waren, nun aufgelöst werden. Der Mediziner berücksichtigt in seiner Diagnose und in der Therapie psychische und soziale Faktoren; der Sozialarbeiter arbeitet sowohl mit psychischen wie sozialen Komponenten; der Erwachsenenbildner beginnt zu realisieren, daß nebst der Frage des intellektuellen Interesses der Kursteilnehmer auch die Interaktionsprozesse in der Kursgruppe von Bedeutung sind; der Psychiater stößt neben dem, was sich im direkten therapeutischen Kontakt mit dem Patienten abspielt, auf fördernde und hemmende Faktoren in der sozialen Situation des Patienten etc.

Trotzdem lassen sich aber eine Anzahl von Arbeitsgebieten angeben, die im wesentlichen mit den besprochenen gesellschaftlichen Funktionen der agogischen Aktion übereinstimmen.

Um deutlich zu zeigen, daß auch außerhalb dieser Gebiete agogische Aktion auftreten kann – z. B. „eingebaut" in einen verwandten Beruf – wollen wir in diesem Zusammenhang von *Kernbereichen* sprechen. Diese Terminologie weist auf die Anwesenheit von peripheren Aktivitäten hin, in denen die agogische Aktion weniger scharf umgrenzt und mit einer weniger deutlichen Identität vorhanden ist.

Als Kernbereiche agogischer Aktion betrachten wir:
– Sozialarbeit, seelische Gesundheitspflege und Heimerziehung;
– soziale Beratung für Betriebe und Öffentlichkeit;
– kulturelle Arbeit (mit Erwachsenen und Jugendlichen).

Sozialarbeit, seelische Gesundheitspflege und Heimerziehung

Wenn wir die Geschichte der *Sozialarbeit* betrachten, sehen wir, daß sie noch
recht jung ist. In den letzten Jahrzehnten des 19. Jahrhunderts gewann die
Sozialarbeit in den Vereinigten Staaten erstmals eine deutliche Gestalt[1],
indem sich nicht mehr nur auf regionaler und lokaler, sondern auch auf Lan-
desebene Institutionen und Organisationen mit Fragen des Gefängniswesens,
der Volksgesundheit und der Anwendung wissenschaftlicher Erkenntnisse auf
die zwischenmenschlichen Beziehungen zu befassen begannen. Dabei lag das
Schwergewicht auf einer Einflußnahme auf die sozial-ökonomische Komponente der Problemsituationen: bessere Wohnungen, höheres Einkommen,
Verbot der Kinderarbeit etc. (Bruno, 1957). Dies wurde zum Ansatzpunkt
einer stürmischen Entwicklung, und in der Folge wuchs diese philanthro-
pische Bewegung zu einer institutionalisierten, gesellschaftlichen Funktion an.
Diese Entwicklung von der caritativen Arbeit zur beruflichen Hilfe wurde
sehr früh durch Porter Lee (1929) erkannt und als eine Entwicklung von
„cause" zu „function" charakterisiert.
Die heutige Funktion der Sozialarbeit in unserer Gesellschaft wird übrigens
keineswegs einheitlich formuliert.
Boehm (1959) sieht vorwiegend drei Gründe für diese Tatsache: Erstens
fehlt eine einheitliche Anschauung, weil sich der Beruf so stark in Segmenten
entwickelt hat; Einzelhilfe, Gruppenarbeit und verschiedene Spezialisierungen haben ihre Fortschritte ziemlich isoliert vollzogen; zweitens fehlte zu
Beginn eine umfassende Berufsorganisation, die in wesentlichem Maße zum
Verstärken der Identität des Berufes hätte beitragen können, drittens wächst
die Praxistheorie nur sehr langsam.
Es besteht aber auch darin eine Schwierigkeit, daß sich die Ziele der
Sozialarbeit zwar mit den in der Gesellschaft geltenden Werten decken
müssen, daß sich aber andererseits die Akzente gerade umgekehrt setzen
lassen; durch die Auswahl und die Interpretation bestimmter Werte –
nämlich solcher, die als bedrohend erlebt werden – kann die Sozialarbeit als
Gewissen der Gesellschaft auftreten (Boehm). Dies trifft übrigens auch für
die anderen Kernbereiche zu.

---

[1] Wir beschränken uns hier auf die moderne, institutionalisierte Sozialarbeit; für
eine Einführung in die Geschichte des *Helfens* verweisen wir auf Van den Dam
(1958).

Sowohl Boehm wie Lotmar (1963) tendieren dazu, die Funktion der Sozialarbeit recht breit aufzufassen, wobei sie von einer eher düsteren Sicht der Kultursituation ausgehen. Lotmar beurteilt die Kluft zwischen den technisch-materiellen Veränderungen in der Gesellschaft und der erforderlichen Anpassung des Menschen als so tief, daß sie zur Auffassung kommt, jeder Mensch sei ein potentieller Klient der Sozialarbeit. Boehm weist seinerseits auf die zunehmende Komplexität des sozialen Lebens, insbesondere auf die Konflikte zwischen den Wertsystemen, hin; diese haben zur Folge, daß die sozialen Institutionen mit den bestehenden und entstehenden sozialen Bedürfnissen kaum mehr Schritt zu halten vermögen. Die schnellen und unausgeglichenen Veränderungen, die wachsende soziale und geographische Mobilität und die rapide technische Entwicklung haben die traditionellen Rollen (z. B. Familienmitglied, Arbeitnehmer) ins Wanken gebracht. Dies kann ungünstige Auswirkungen auf die soziale Funktionsfähigkeit haben; es entstehen dysfunktionale Erscheinungen, die von starken sozialen Abweichungen und Übertretungen der Gesellschaftsnormen (Delinquenz, Alkoholismus etc.) bis zu sehr subtilen Äußerungen der Unzufriedenheit im gesamten Verhalten und Leben reichen können.

Nach Boehm kann hier die Sozialarbeit sowohl eine *heilende Funktion* wie eine *„Wohlfahrtsfunktion"* (d. h. Zur-Verfügung-Stellen von Hilfsquellen, Verbessern und Koordinieren sozialer Hilfsmöglichkeiten) oder eine *Präventivfunktion* haben.

Wir teilen die Meinung von de Jongh (1961), der als Sozialarbeit im engeren Sinne – also ohne „Wohlfahrts"- und Präventivfunktion – die Hilfe für den Menschen in sozialen Notlagen sieht. Das Angehen sozialer Problemsituationen bildet nach de Jongh den Kern der modernen Sozialarbeit.

Wenn der Begriff der Sozialarbeit nicht durch denjenigen der agogischen Aktion ersetzt und mit ihr identisch gesehen werden soll, so scheint es tatsächlich richtig, in einer Funktionsumschreibung die heilende Funktion, also das Beheben psycho-sozialer Notlagen oder – in der Sprache Boehms – das Wiederherstellen der gestörten Funktionsfähigkeit zentral zu stellen.

Auch die Anfänge der *seelischen Gesundheitspflege* liegen im 19. Jahrhundert, als der Aufschwung der Psychiatrie mit zwei Tendenzen, die noch in der heutigen seelischen Gesundheitspflege nachwirken, parallel lief: mit der Verbesserung der *kurativen* Pflege der Geisteskranken und mit der wachsenden Aufmerksamkeit für das *Vorbeugen* gegen psychische Störungen. Lekkerkerker

(1959) weist darauf hin, daß die Entwicklung im ersten Viertel unseres Jahrhunderts vorwiegend durch die psychoanalytischen Einsichten bestimmt war.
Seit dem Zweiten Weltkrieg rückt das Problem der Vorbeugung immer mehr
in den Hintergrund; statt dessen steht die Förderung gesunder zwischenmenschlicher Beziehungen im Zentrum der Bemühungen.

Im Bereich der *Heimerziehung* sehen wir, wie sich in diesem Jahrhundert
das Schwergewicht von der materiellen Verwahrlosung auf die pädagogische
und affektive Verwahrlosung verlagerte. Parallel dazu läuft eine Verlagerung von der repressiven Funktion auf eine größere Zahl spezialisierter
Formen der Hilfe für beeinträchtigte Kinder hin; die Diskussion um
Familien- oder Heimunterbringung wird immer mehr auf die Frage nach
Diagnose und Indikation zurückgeführt.

In den Heimen läßt sich eine Differenzierung des Instrumentariums erkennen; sozialmedizinische, psychotherapeutische, sozialtherapeutische und
orthopädagogische Methoden werden zu Bestandteilen des therapeutischen
Vorgehens – einer integrierten Behandlungsweise, in der orthopädagogische, materiell-sorgende, medizinische und psychotherapeutische Aktivitäten gemeinsam mit Sozialarbeit, Schulung und geistlicher Betreuung
verfügbar sind.

Sowohl in der Heimerziehung wie z. B. in der Erziehungsberatung ist die
Entwicklung einer verfeinerten Diagnostik, eines zunehmenden Einsatzes
interdisziplinärer Zusammenarbeit und des Versuches, Behandlungsmethoden unter anderem durch empirische Untersuchungen wissenschaftlich
besser zu fundieren, sichtbar.

Die Bildung einer Praxistheorie (z. B. im Blick auf das Pflegefamilien-
wesen), das Bestreben in bezug auf die Verwendung wissenschaftlicher
Erkenntnisse (z. B. der Versuch, diese für die Orthopädagogie praktisch
verfügbar zu machen) und das Interesse für Fragen der Ausbildung[1] zeigen,
daß der Professionalisierungsprozeß auch hier voll im Gange ist.

Soziale Begleitung

Zweifellos läßt sich die *soziale Begleitung* so, wie wir sie umschrieben haben,
am schwersten mit bestimmten Arbeitsgebieten identifizieren. Dies hängt mit

---

[1] Vgl. dazu z. B. die Publikation von Drillich und Van Praag (1963).

den Hintergründen dieser gesellschaftlichen Funktion zusammen. In allen Bereichen der Gesellschaft rufen die technischen, sozialen und ökonomischen Veränderungen Spannungen hervor, die sich auf den individuellen Menschen, auf Familien und Arbeitssituationen, auf Organisationsverhältnisse und auf zwischenmenschliche Beziehungen in territorialen Gemeinwesen auswirken. Diese Spannungen treten nicht so sehr als deutliche Dysfunktionen, die als individuelle Notlagen erlebt werden, auf, sondern eher als kollektive Problemsituationen; das Problem kann hier umschrieben werden als das Fehlen spontaner (z. B. auf Tradition beruhender) Lösungen für Konflikte in der normalen (hier als durchschnittlich aufzufassenden) Lebenssituation, die die Effektivität des sozialen Funktionierens behindern.

In vielen Situationen ist denn auch ein stützendes und regulierendes Begleiten von Individuen, Gruppen, Organisationen oder Gesellschaftsteilen angebracht, um dem Entstehen von Störungen in der Funktionsfähigkeit vorzubeugen und um das innerhalb der Normalität liegende Funktionieren zu fördern.

Hier einige Arbeitsbereiche, für die diese Zielsetzung zutrifft: moderne Personalführung, Beratung in Betrieben und gemeinnützigen Institutionen (sofern es um zwischenmenschliche Beziehungen geht), die Gebiete der sozialen Aufklärung, der politischen Aufklärung, der sozialmedizinischen Aufklärung und der sozialagrarischen Aufklärung sowie der Gemeinwesenarbeit.

Im Betriebssektor hat sich z. B. die Erkenntnis durchgesetzt, daß die individuellen Ziele und die Ziele der Organisation alles andere als identisch sind. Im Gegenteil, es kann von einer durch Spannung charakterisierten Beziehung gesprochen werden, die soziale Begleitung verlangt, falls man zu gesunden zwischenmenschlichen Beziehungen kommen will. Ebenso entwickelt sich die Zusammenarbeit einer Gruppe innerhalb einer Organisation nicht von selbst, sondern muß methodisch geplant und aufgebaut werden.

Man könnte von „Spielregeln" sprechen, deren Bildung für alle Organisationsbeziehungen Voraussetzung ist; diese Spielregeln müssen erlernt, überwacht und der sich verändernden Situation laufend angepaßt werden. Dies erfordert ein methodisches Vorgehen, das auf das Schaffen eines organisatorischen Klimas, das optimale Arbeitsbedingungen ermöglicht, ausgerichtet ist (Koekebakker, 1959).

Die soziale Begleitung lokal und regional begrenzter gesellschaftlicher

Gruppierungen hat in den letzten Jahren durch die *Gemeinwesenarbeit* wesentlichen Aufschwung genommen. Die Gemeinwesenarbeit will dem Menschen Hilfe im Umgang mit neuen Situationen geben durch 1. Verbesserung der gesellschaftlichen Strukturen, insofern diese Mängel aufweisen; 2. das Finden neuer Strukturen, insofern als veränderte Gegebenheiten dies nötig machen; 3. eine strukturelle „Sanierung" da, wo veraltete Institutionsformen vorhanden sind. Durch Meinungsbildung und das Ausarbeiten von Richtlinien bildet die Gemeinwesenarbeit ein Bindeglied zwischen der Bevölkerung und den Instanzen der Sozialplanung. Solche Intergruppen sind momentan auf verschiedenen territorialen Ebenen (provinzional, regional, städtisch) tätig (Vroemen, 1967).

Kulturelle Arbeit

Die kulturelle Arbeit umfaßt jenen Bereich, der etwa auch als Volksbildung, Erwachsenenbildung oder sozialkulturelle Arbeit bezeichnet wird. Folgende Merkmale werden in der Literatur verschiedentlich aufgeführt (unter anderem bei Ballauff, 1958):
1. Mit „Bildung" ist in diesem Zusammenhang *absichtliche* Bildung gemeint;
2. es geht dabei um die Entwicklung der *ganzen* Person, um Entfaltung des totalen Menschseins, und nicht um partielle Bildung (Berufsschulung oder Weiterbildung);
3. der Bildungsarbeit fehlt der formelle Charakter der Schulung mit entsprechenden Beurteilungssystemen, Lehrplanforderungen etc.;
4. kulturelle Arbeit beruht auf Freiwilligkeit der Teilnahme.
Die moderne Bildungsarbeit hat den paternalistischen Charakter der früheren Volksbildungsbewegung, die stark unter dem Einfluß der Aufklärungsideale stand, aufgegeben. Und auch jener Typus der Bildungsarbeit, der die Emanzipierung benachteiligter Gesellschaftsgruppen anstrebte und ein Instrument im Kampf um die Gleichberechtigung in der Gesellschaft war, hat an Bedeutung verloren (s. Banning, in: Ten Have, 1967).
In Abgrenzung zum Schulwesen und zur Seelsorge ist die Bildungsarbeit zu einer eigenen Funktion der Gesellschaft geworden.
Sie geht von der Annahme aus, daß die Entwicklung des Menschen in seiner Ganzheit in unserer Gesellschaft keine Selbstverständlichkeit mehr ist. Der

Mensch ist einer stark einseitig-spezialistischen Schulung ausgeliefert (Roessingh, 1965). Weitere Tendenzen, die für den Wohlfahrtsstaat typisch sind, nennt Hajer (1965): die starke Zentralisation; die Komplexität der Probleme; weniger Einsicht des Bürgers in die Regierungsgeschäfte; zunehmende Tendenz des Menschen, sich in sein Privatleben zurückzuziehen. Aufgabe der Bildungsarbeit ist es nach Hajer, Gegenkräfte gegen diese Entwicklung anzuregen; er sieht vor allem das Sich-ins-Privatleben-Zurückziehen als ein Verkennen der sozialen und politischen Dimensionen des Menschen.

Für die Bildungsarbeit heißt dies, daß die Förderung von Persönlichkeitsfaktoren in direkten Zusammenhang mit der gesellschaftlichen Problematik gebracht werden muß. In den meisten Formulierungen der Werte, die für die Zielsetzung der kulturellen Arbeit bestimmend sind, finden wir den Gedanken, daß nebst der „Anpassung" an die Umwelt auch ein „Gestalten" der Umwelt (eine Sinngebung) nötig und möglich ist; daß Bildungsarbeit Spielraum für eine Befreiung von überlieferten Normen und Sinngebungen schaffen muß (Roessingh); daß Gegenkräfte entwickelt werden müssen (Hajer); daß sie sich der Gefahr einer rein technisch-praktischen und utilitaristischen Bestimmtheit der Gesellschaft widersetzen muß (Ballauff). Wie wir übrigens bereits erwähnten (Seite 20, 21), ist die Professionalisierung der Bildungsarbeit bedeutend weniger entwickelt als diejenige der Sozialarbeit.

Zwischen den agogischen Teilfunktionen, die wir der Sozialarbeit, der seelischen Gesundheitspflege, der sozialen Begleitung und der Bildungsarbeit zusprachen, besteht ein enger Zusammenhang.

In einer Gesellschaft, in der die Bildungsarbeit ihrer Funktion nicht gerecht wird oder in der sie ungenügend ausgebaut ist, droht die Gefahr des Konformismus des Wohlfahrtsstaates, in dem die komplizierte soziale Maschinerie durch soziale Begleitung geölt wird und psychozoziale Hilfe für Reparaturarbeiten sorgt. In diesem Fall wirken diese Hilfe und soziale Begleitung *konservierend* und erschweren notwendige Veränderungen, z. B. in der politischen oder sozialökonomischen Struktur der Gesellschaft. Aber auch umgekehrt, wenn psychosoziale Hilfe und soziale Begleitung nicht adäquat eingesetzt werden, wird die Bildungsarbeit zu einer idealistischen Bewegung, die sich auf das Beteuern von guten Absichten und das Abgeben väterlicher Ermahnungen an die Adresse der Gesellschaft beschränkt.

Kapitel 4
Der instrumentale Aspekt

In den drei Kerngebieten der agogischen Aktion ist anstelle des spontanen, improvisierten und im wesentlichen durch Erfahrung und Intuition bestimmten Vorgehens immer mehr die Anwendung systematischer, überlegt eingesetzter Arbeitsweisen getreten.

Bochènski (1954) unterscheidet zwischen *Arbeitsmethoden* als Methoden des praktischen Denkens und *Denkmethoden*, die die Denkaktivität als solche regeln (phänomenologische Methode, induktive und deduktive Methode etc.).

Die Denkmethoden haben theoretischen Charakter und beziehen sich auf das Erfassen von Objektbeziehungen. Die Arbeitsmethoden sind dagegen immer auf ein Ziel gerichtet, das das Subjekt mittels dieses Denkprozesses *in der Realität* erreichen will.

Diese Umschreibung zeigt bereits, daß Arbeits- und Denkmethoden nicht scharf zu trennen sind; die Unterschiede liegen vor allem in der Ausrichtung des Denkprozesses.

Die Arbeitsmethoden werden in zwei Grundkategorien unterteilt: in *physische* und in *soziale* Techniken[1]. Zu den „techniques de la nature" – wie die physischen Techniken auch etwa genannt werden – werden jene technischen Handlungsweisen gezählt, die mehr oder weniger unmittelbar auf die natürliche Umwelt ausgerichtet sind. Dies sind vor allem Techniken, die sich auf Ackerbau, Häuserbau, Herstellung von Werkzeugen etc. beziehen (Keuning, 1957).

Soziale Techniken dagegen sind auf soziale Beziehungen ausgerichtet. Vorerst wollen wir nun aber die Entwicklung und Funktion der physischen Technik genauer betrachten. Danach wollen wir zu erfassen versuchen, welche Funktion die sozialen Techniken hinsichtlich der agogischen Aktion erfüllen.

---

[1] Auf die Begriffe „Methode" und „Technik" werden wir noch zu sprechen kommen (S. 63 f., 124 f.).

Klassische und moderne Technik

In bezug auf das Alter der Technik bestehen unterschiedliche Meinungen. Es gibt Fachleute, die der Ansicht sind, daß es im prähistorischen Zeitalter auch ein vor-technisches Stadium ab (Litt, 1957); gewöhnlich wird jedoch angenommen, daß Technik so alt ist wie der Mensch. Nach Gehlen (1950) basiert die Technik auf einem Grundgesetz der menschlichen Existenz (der „Entlastungstendenz"); er weist in diesem Zusammenhang auf die Beziehung zwischen Technik und dem Fehlen entsprechend spezialisierter Organe und Instinkte beim Menschen hin.

Erst nach dem Übergang von der Jäger- und Fischerzeit zu einer Periode, in der sich Landbau und Viehzucht entwickelten, entstehen die klassischen Techniken wie Bewässern, Pflügen, Schmieden etc.

In den ägyptischen und mesopotamischen Kulturen beherrschte man bereits die zur Herstellung von Glas, Textilien und Schmiedeeisen sowie für verschiedene Arten des Bauens nötigen Techniken. Im griechischen Altertum war der Begriff technè (von dem Technik abgeleitet ist) mehrdeutig. Er bezeichnete nicht nur Geschicklichkeit, methodisches und künstlerisches Handwerk, sondern auch „List" (Tellegen, 1957).

Im griechischen Denken kam der Technik übrigens keine wesentliche Bedeutung zu (im Gegensatz zum künstlerischen Geschick); die Arbeit wurde nicht hoch eingeschätzt und mit Vorliebe den Sklaven überlassen.

Die Handwerkstechniken waren in gegebene Ordnungen eingeschlossen und oft eher traditionell als streng funktional. Sokrates – der das Handwerk des Steinhauers beherrschte – setzt „technè" in Beziehung zur Ethik: die Komponente der Nützlichkeit ist Modell für das metaphysisch Gute (Dessauer, 1958). Technische Objekte haben nach Sokrates ihren Ursprung in menschlichen Zwecken; die technische Aktivität – der Kenntnis vorausgeht – entsteht aus dem Vorbild (eidos) und ist zielorientiert. Fähigkeit basiert auf Wissen.

Mit Dessauer und anderen wollen wir jedoch den Begriff der Technik weniger weit fassen und gegen persönliches, rein auf Routine und Übung beruhendes Können abgrenzen. Andererseits wollen wir Technik aber doch auch wieder nicht als Bezeichnung eines eng begrenzten Sektors auffassen, wie van Riessen (1949) dies tut, indem er Technik auf den industriellen Sektor beschränkt.

Von Technik wollen wir überall dort sprechen, wo der Mensch bestimmte Ziele anstrebt und aufgrund von Erfahrung, rationalem Denken, wissenschaftlichen Erkenntnissen, Berechnungen etc. eine systematische Arbeitsweise mit festen Regeln, Vorschriften und Arten des Vorgehens als Mittel zum Ziel einsetzt. Dies heißt nicht, daß solche Arbeitsweisen keine charismatischen oder traditionellen Elemente enthalten können, aber der Aspekt der Rationalität muß immer vorhanden sein.

Das Aufkommen der Naturwissenschaften bildet den Übergang von dem, was man etwa als Zeitalter der klassischen Technik bezeichnet, zum Zeitalter der modernen Technik.
Das Verhältnis zwischen „Kenntnis" und „Tat" wird nun grundlegend anders. Sie beeinflussen einander jetzt gegenseitig; wissenschaftliche Kenntnis und durch Wissenschaft bestimmte Technik durchdringen sich gegenseitig. Die Zeit ist vorbei, in der die Technik ausschließlich auf Erfahrungswissen beruhte.
Seit dem Aufkommen der modernen Technik wurde deren Bedeutung auch in wissenschaftlichem Rahmen diskutiert und auf die Frage eingegangen, wie weit in bezug auf den Übergang von klassischer zu moderner Technik von einem qualitativen Sprung gesprochen werden kann. Die Beantwortung dieser Frage ist für uns von Bedeutung, da dies die Beziehung zwischen physischen und sozialen Techniken erhellen könnte. Möglicherweise besteht eine Analogie zu den klassischen oder modernen oder zu beiden Arten von Techniken. Van Riessen (1949) vermittelt uns eine Analyse der Art und Weise, wie in einer technisch unentwickelten und in einer hochentwickelten Gesellschaft technische Probleme gelöst werden.
Wenn wir z. B. vom Problem der Überquerung eines Flusses ausgehen, sind folgende Merkmale typisch für die klassische Technik (in unserem Falle das Aushöhlen eines Baumstammes):
1. Die gewählte Lösung ist völlig individuell;
2. der Hersteller des technischen Objektes ist gleichzeitig der Verbraucher;
3. *Planung* und *Herstellung* sind die beiden einzigen Phasen der klassischen Technik;
4. derselbeMensch beherrscht alle Handlungen;
5. es gibt nur eine Bearbeitungsphase (in unserem Fall: das Aushöhlen);
6. das Objekt ist unteilbar und wird in nur einem Exemplar angefertigt.

Die alte Technik beruhte auf Routine. Der Eingriff in die Natur erscheint uns „natürlich", das heißt, das Produkt ist eine auf deutlich erkennbare Art und Weise verwirklichte Möglichkeit der Natur; es liegt im Bereich des durch die Sinne Wahrnehmbaren; das Handhaben der Werkzeuge ist ein „Denken mit den Händen" (van Melsen, 1960). Einsicht in das „Warum" des technischen Geschehens besteht nicht.

Als typisch für die *moderne* technische Lösung bezeichnet van Riessen[1]:

1. Das Problem wird generalisiert;
2. der Produzent des technischen Objektes ist nicht gleichzeitig der Verbraucher;
3. zwischen Planung und Herstellung liegt die Phase des *Entwerfens*. Dies ist nötig, da in der modernen Technik die produktive Phantasie und die Fabrikation nicht mehr bei demselben Menschen liegen, sondern dem Ingenieur respektive Techniker zugeteilt sind;
4. die alten Werkzeuge waren Handgeräte, die dem Bearbeiter ein wesentliches Maß an Gestaltungsfreiheit ließen. Die moderne Technik verwendet *technische Geräte:* aktive, technische Objekte, die die Bearbeitung oder die Umsetzung von Energie übernehmen und steuern, und zwar in der Weise, daß die Struktur der vorhandenen Energie in eine Form umgesetzt wird, die für einen bestimmten Zweck geeignet ist;
5. in der Fabrikation kann von *Funktionsteilung* gesprochen werden;
6. die Bestandteile des Produktes werden getrennt hergestellt; die Herstellung erfolgt durch Massenproduktion.

In der modernen Technik werden neue Kräftequellen angezapft, wobei nicht nur von einer Zunahme des Energievermögens gesprochen werden kann, sondern auch von Veränderungen in der Form, in der Energie zur Verfügung steht.

Um die Leistung eines Autos zu erbringen, wären im Stadium der klassischen Technik nicht weniger als 2000 Sklaven nötig gewesen (Tellegen, 1957). Die moderne Technik stützt sich zwar genauso wie die klassische Technik auf das Tun, aber darüber hinaus steuert sie dieses Tun. Und auch in der modernen Technik werden natürliche Möglichkeiten genutzt, aber dies geschieht in viel weniger übersichtlicher Art und Weise; viele Prozesse werden durch Druck

---

[1] Van Riessen unterläßt es hier, auf die Technik des *Gebrauches* des technischen Objektes – nebst Entwurf und Herstellung – hinzuweisen.

auf einen Knopf in Gang gesetzt und entziehen sich unserer Wahrnehmung
und unserem direkten Verständnis.

Ist der Unterschied zwischen der klassischen und der modernen Technik nur
qualitativer Art, oder handelt es sich lediglich um eine erhöhte Progression
der Technik unter dem Einfluß der aufkommenden Naturwissenschaften und
stimuliert durch den Unternehmergeist des Kapitalismus?
In *einer* Hinsicht ist der Unterschied jedenfalls als fortschreitender natürlicher Prozeß zu sehen, nämlich insofern, als in der Technik die Rationalität
des Menschen zum Ausdruck kommt, die ihm zu einem stets umfassenderen
Begreifen der ihn umgebenden Wirklichkeit verhilft.
Dies schließt nicht aus, daß in anderen Bezügen wesentliche Unterschiede
vorhanden sein können. Heidegger sieht z. B. darin einen Unterschied, daß
erst die *modernen* Techniken den Charakter des „Herausforderns" haben:
In der Natur verborgene Energie wird erschlossen, umgeformt, gesammelt,
wieder verteilt und anders gerichtet (Heidegger, 1954).
Dessauer (1958) widerspricht solchen und ähnlichen Auffassungen heftig und
sagt in diesem Zusammenhang: „Wenn immer der Mensch als primitiver
oder moderner Techniker in den Naturablauf zielhaft, steuernd und gestal-
tend eingreift, kann man mit gleichem Recht in Heideggers Sprache von
„Stellen" im Sinne von „herausfordernd" sprechen. Was verschieden ist,
betrifft den Grad, die Meisterschaft, den Ertrag dieses Eingriffes, nicht sein
Wesen." (Seite 358.)
Diese beiden Auffassungen hängen mit sehr unterschiedlichen Haltungen der
modernen Technik gegenüber, wie wir sie bei Heidegger und Dessauer
finden, zusammen. Heidegger zeigt eine kritische und ambivalente Haltung,
Dessauer eine Veridealisierung der modernen Technik.
Die Haltung gegenüber der Technik als Totalität beeinflußt offenbar die
Beurteilung verschiedenster Teilaspekte.
Vor allem fällt der hohe Grad an Emotionalität bei der Stellungnahme für
oder gegen die Technik auf. Die verschiedenen Standpunkte lassen sich in
veridealisierend *(Dessauer),* abweisend *(F. G. Jünger) und* ambivalent
(Jaspers, Heidegger) unterteilen.
Dessauer (1958) sieht als das Wesen der Technik das in Übereinstimmung
mit menschlichen Zielen sich vollziehende Schaffen von Formen in Raum
und Zeit (Werkzeuge, Maschinen, Methoden), die durch ihren kausalen
Charakter und ihre finale Struktur die „Zwecke" umfassen, in denen sich

das niederschlägt, was der Mensch in seinem Bewußtsein als „Ziele" erfahren hat. Die Technik hat denn auch eine Vielfalt von Aktivitäten durchdrungen, hat also nicht rein instrumentalen Charakter, sondern auch in ihr selbst liegende Werte, und zwar dort, wo die Verantwortung für die „Gestaltung" der Umwelt erkannt wird.

Jünger bezeichnet die Technik dagegen als für die Natur tödlich. Nach ihm verbraucht auch das einfachste technische Geschehen mehr Energie, als es wieder produziert. Technik wird zu einem alles verschlingenden Dämon. Jünger lehnt daher jede Art moderner Technik entschieden ab.

Für Jaspers ist Technik „das Verfahren der Naturbeherrschung durch den wissenschaftlichen Menschen für den Zweck, sein Dasein zu gestalten, um sich von Not zu entlasten und die ihm entsprechende Form seiner Umwelt zu gewinnen". Technik beruht auf Verstandesleistung, auf Berechnung, verbunden mit einer Vorwegnahme der Möglichkeiten. Technik denkt in Mechanismen und setzt die Wirklichkeit in Quantität und Bezüge um.

Die menschliche Existenz wird durch die Technik bedroht, wenn sie dadurch auf das Lebbare reduziert wird.

Auch besteht die Gefahr, daß der Mensch in der „zweiten Natur" (dem auch durch die Technik Geschaffenen) erstickt. Überall dort, wo der Dienstcharakter der Technik verlorengeht und diese sich selbständig macht, liegt eine Entgleisung vor.

Bei diesem Standpunkt ist eine deutliche Ambivalenz vorhanden. Einerseits anerkennt Jaspers die Möglichkeit der modernen Technik, andererseits fürchtet er, daß die Maschine zum Modell der gesamten Gestaltung menschlicher Existenz wird und der Mechanisierung, der Automation, der Berechenbarkeit und dem fehlerlosen Funktionieren absoluter Vorrang in allen Lebensbereichen eingeräumt wird.

Heidegger (1954) glaubt, daß Technik erst begriffen werden kann, wenn man erkannt hat, daß das Wesen der Technik nichts Technisches ist. Das Wesen der modernen Technik ist das „Entbergen" im Sinne einer Herausforderung. Die in der Natur verborgene Energie wird durch den Menschen hervorgeholt. Die große Gefahr der modernen Technik ist, daß das „Entbergen" in die Bearbeitung übergeht und dadurch alles für uns zu „Bestand" wird. Dies ist typisch für die moderne Technik; der Landbau z. B., der früher ein Hegen und Pflegen des Bodens war, ist zur automatisierten Nahrungsindustrie geworden.

Heidegger sieht jedoch im Wesen der Technik – dem Enthüllenden – auch die Chance zur Rettung aus dieser Gefahr eingeschlossen: „... das Gewährende, das so oder so in die Entbergung schickt, ist als solches das Rettende ... Denn dieses läßt den Menschen in die höchste Würde seines Wesens schauen und einkehren!"

Technik und Norm

Für Jaspers, der vom Ziel-Mittel-Schema ausgeht, ist Technik rein instrumental und daher neutral.

Heidegger sieht in der Technik nicht nur den Mittel-Aspekt. Das „Entbergen" kann negativen Wert erhalten, sobald alles ausschließlich in der Dimension der Bearbeitungsmöglichkeit gesehen wird; es kann positiven Wert erhalten, wenn sich in der „Entbergung" Ursprünglichkeit offenbart.

Bei Dessauer haben technische Objekte, Arbeitsweisen etc. nicht nur instrumentalen, sondern auch selbständigen Wert. Neben z. B. der Religion, dem Sozialen, dem Ökonomischen etc. bildet die Technik einen eigenen Wertbereich.

Technik erhält hier eine ethische Grundlage: den göttlichen Urbefehl, die menschliche Umwelt zu erforschen und zu gestalten. Dabei ist die Technik sowohl an Naturgesetze wie an eine durch die Ziele bestimmte finale Ordnung gebunden; das Mittel kann denn auch nie losgelöst vom Ziel gesehen werden. Losgelöst von menschlichen Zielen sind Phänomene wie z. B. Sprache und Musik, denen kein Sinn gegeben wird und die dann nichts anderes als eine Anhäufung von Worten resp. Klängen und Geräuschen sind.

Auch van Riessen versteht Technik nicht ausschließlich instrumental.

Unser eigener Standpunkt ist, daß das Ziel-Mittel-Schema nur beschränkt brauchbar ist, um den instrumentalen Aspekt des menschlichen Handelns einsichtig zu machen, nämlich unter dem Vorbehalt, daß dies keiner Isolierung der Mittel (verbunden mit Neutralität hinsichtlich des Wertaspektes) im Verhältnis zu den Zielen entspricht. Mittel sind jederzeit Mittel-zum-Zweck; das Instrumentale ist unvermeidlich auf bestimmte Ziele hin angelegt. Dies hat Konsequenzen für die Beantwortung der Frage, wo und in welcher Weise normative Aspekte mit dem Phänomen Technik verbunden sind.

In dreierlei Hinsicht kann in bezug auf die Technik von einem normativen Aspekt gesprochen werden:

1. Es gibt eine *finale* Norm der Technik, und zwar in dem Sinne, daß Technik immer in einen weiteren Rahmen eingebaut ist, die Zielsetzung dieses Rahmens als äußere Norm übernimmt und sie in der technischen Aktivität funktionieren läßt.

2. Es ist auch eine *instrumentale* Norm in der Technik erkennbar (van Riessen: Bestimmungsfunktion). Es geht dabei um das Kriterium der Zielgerichtetheit und Vollkommenheit des Werkzeuges (Dippel, 1952); dieses Kriterium berücksichtigt sowohl die *Effektivität* wie die *„efficiency"*. Man kann also zwischen „guten" und „schlechten" technischen Objekten und Aktivitäten unterscheiden. Gut sind sie insofern, als sie die „prästabilierte" Lösung näherbringen (Dessauer); schlecht sind sie, wenn sie den Bestrebungen, menschliche Bedürfnisse zu erfüllen, nicht zu genügen vermögen. In der Praxis muß immer mühsam ein Kompromiß zwischen dem Wünschbaren und dem Möglichen gefunden werden.

Wenn die Bestimmungsfunktion *spezifisch* ist (d. h. einer gewissen Zielsetzung entspricht), gehen instrumentale und finale Normen ineinander über; dies ist jedoch dort, wo es sich um eine *neutralisierte* (bei verschiedenen Zielsetzungen anwendbare) Bestimmungsfunktion handelt, deutlich nicht der Fall. Eine technisch perfekte Schraube (Härtegrad, Drehmoment etc.) kann für ein bestimmtes Ziel geeigneter sein als für ein anderes.

3. Die Norm[1] von *Produzent* und *Konsument* spielt ebenfalls eine Rolle. Technik kann mißbraucht werden; andererseits kann eine ziellose, pervertierte Kultur Technik pervertieren (Dippel).

Da jede dieser Normen einer besonderen Dimension entspricht, scheint es uns nicht richtig, aufgrund einer Summierung dieser drei Normen eine Art normativen Gehalt der Technik zu postulieren. Dessauer neigt allerdings dazu; er sieht den höchsten Wert im ethisch bestimmten technischen Menschen personifiziert, der die höchsten menschlichen Ziele in vollkommener Gestalt zu verwirklichen sucht.

Soziale Techniken

Man stößt im Zusammenhang mit *sozialen* Techniken hin und wieder auf den Gedanken, daß diese mit dem *Organisieren* menschlicher Beziehungen

---

[1] Diese kann den Charakter einer persönlichen Norm, einer sozialen Norm oder einer ideellen Norm haben (s. S. 26).

identisch sind, insofern diese für das Streben nach Wohlfahrt und Wohl-
ergehen eingesetzt werden (Keuning, 1957). Der Begriff der Organisation
kann, wenn er so angewandt wird, leicht zu Mißverständnissen führen.
Soziale Techniken beruhen auf einer technischen Lebenshaltung, die die
zwischenmenschlichen Aspekte der Welt als „bearbeitbar" betrachtet. Sie ist
nicht an *einen* Kultursektor gebunden, sondern durchdringt alle Kulturen.
Auf der Ebene der sozialen Beziehungen kann soziale Technik in der Form
bestimmter Meso-Strukturen zwischenmenschlicher Beziehungen auftreten,
die oft als „Organisationen" bezeichnet werden, und die zwischen Mikro-
strukturen (dyadische Beziehung und Gruppenbeziehungen) und Makrostrukturen (z. B. territoriales Gemeinwesen) entstehen. Soziale Techniken
können aber auch innerhalb solcher Mikro- und Makrostrukturen wirksam
sein. Daher muß der Begriff der Organisation, wenn man diese als Technik
im Sozialbereich[1] auffassen will, eine weitgefaßte Bedeutung erhalten und
unter anderem auch die „organisierte" Aktion in einer funktionalen Beziehung der Zusammenarbeit umfassen.
Ein Unterschied, den Mannheim (1960) anführte, kann hier klärend wirken; er unterscheidet zwischen *direkten* sozialen Techniken, die auf persönlicher Beeinflussung beruhen, und *indirekten* sozialen Techniken, bei denen
es um den Umgang mit situationellen Faktoren geht. Das Schulsystem, die
institutionelle Sozialarbeit und ähnliches würden in diese zweite Kategorie
fallen.
Ein charakteristischer Unterschied zu den physischen Techniken liegt darin,
daß bei den sozialen Techniken keine technischen *Objekte,* sondern *Mit-
Subjekte* Gegenstand der sozial-technischen Beeinflussung sind.
Dies gibt wichtige Hinweise auf die Wertfrage in der sozialen Technik. In
der agogischen Aktion haben nicht nur die Normen von „Produzent" und
„Konsument" einen ethischen Aspekt, sondern auch die finale und die
instrumentale Norm: humane Zielsetzungen erfordern humane Mittel und
einen humanen Einsatz dieser Mittel, da die Würde des Produzenten und des
Konsumenten derjenigen des „Objektes" (Mit-Subjektes) gleichgestellt ist.
Dies bedeutet jedoch nicht, daß die Differenzierung in finale, instrumentale
und persönliche Normen sinnlos ist. Da, wo mit einer positiven persönlichen
Gesinnung wertvolle Ziele angestrebt werden, können die gewählten Mittel

[1] S. dazu Tellegen (1957).

uneffektiv sein; es können aber auch auf der Basis einer positiven Gesinnung und mit effektiven Mitteln minderwertige Ziele verfolgt werden.

Bisher sprachen wir von (sozialen) Techniken und (Arbeits-) Methoden, ohne jedoch den möglichen Unterschied zwischen diesen Begriffen zu diskutieren. Ethymologisch können genaue Unterschiede aufgezeigt werden: Mit Methode (griechisch methodos = meta hodos = der Weg, auf dem) wird das „einem Weg folgen" bezeichnet, also der modale – nicht der inhaltliche – Aspekt des Strebens auf ein Ziel hin.

Mit Technik (griechisch technè) ist dagegen eine (Kunst-)Fertigkeit gemeint, das Handhaben von Mitteln, die Geschicklichkeit.

In Übereinstimmung mit dieser ursprünglichen Bedeutung wird in der agogischen Aktion oft Methode umfassender als Technik aufgefaßt. Einer Methode „wird gefolgt". Techniken „werden angewandt", und zwar im Rahmen einer Methode.

Über Methodik wird da gesprochen, wo es gleichzeitig um eine Anzahl von Methoden – meist um Varianten einer einzigen Methode – geht (z. B. Casework-Methodik).

Drillich und van Praag (1963, Seite 15) umschreiben Methodik im Bereich der zwischenmenschlichen Beziehungen folgendermaßen: „Ein Angehen von Arbeitsproblemen in einem umgrenzten Sachgebiet, das ausgeht von den wechselseitigen Zusammenhängen zwischen

a) hierarchisch geordneten Zielsetzungen;

b) einer, unter anderem durch die Beherrschung entsprechender Hilfswissenschaften erlangten, Einsicht in das Arbeitsgebiet und die Arbeitsprobleme;

c) gewissen Arbeitsgrundsätzen, die das Verhältnis zum Arbeitsgebiet bestimmen;

d) adäquaten Hilfsmitteln.

Sie sind der Meinung, daß bei einer Methodik ein auf Fachwissen beruhender Einsatz der eigenen Person und eine entsprechende Wahl der Mittel und Techniken zentral stehen. Unter „Techniken" verstehen sie dabei begrenzte, präzis umschriebene Arten des Auftretens und Vorgehens (Gesprächstechnik im Casework, freie Assoziation in der Psychoanalyse etc.). Sie glauben, daß die Anwendung solcher Techniken nur innerhalb der Methodik legitim ist. An Normen, die außerhalb liegen, sind Techniken ihrer Meinung nach nicht

*gebunden (im Unterschied zur Methodik). Auch Bos (ten Have, 1965)
vertritt die Auffassung, daß Techniken normenfrei sind.*
*Das durchaus zu respektierende Motiv, das hinter dieser Auffassung steht, ist
die Angst vor dem Mißbrauch sozialer Techniken (Manipulation). Trotzdem
sind wir der Ansicht, daß das Festlegen von prinzipiellen Unterschieden
zwischen Methode und Technik zu ernsthaften Mißverständnissen führt.*
*Beim Einsatz sozialer Techniken geht es wirklich um den „Gebrauch der
eigenen Person" – schon darum lehnen wir die Auffassung der normlosen
Techniken respektive der normgebundenen Methodik ab.*
*Wir werden daher dem Unterschied zwischen Methode und Technik keine
prinzipielle Bedeutung beimessen.* Historisch hat er zwar insofern einige
Bedeutung, als damit eine Situation charakterisiert wird, die wir mit dem
Begriff des handwerklichen Stadiums *in der agogischen Aktion bezeichnen.*
*Folgende Faktoren spielten in diesem handwerklichen Stadium eine Rolle:
Eine starke Betonung der Wertorientierung, der kasuistischen Beschreibung
von Arbeitsfragen, der institutionellen Aspekte (Berufsidentität, Streben
nach Professionalisierung) sowie der diagnostischen Theorien.* Dies ging auf
Kosten der Erforschung der sozialtechnischen Aspekte der Beeinflussung von
Verhalten.

Arbeitsmethoden in der agogischen Aktion

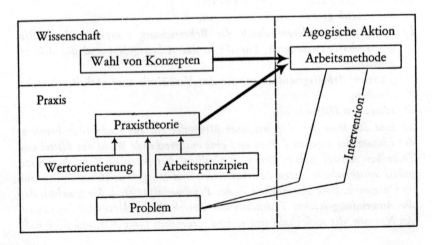

*Je mehr diese Erforschung des Aspektes des „Gebrauchs der eigenen Person"
voranschreitet, desto deutlicher kann einerseits zwischen wissenschaftlicher
und vorwissenschaftlicher Theorie (in der die Aspekte der Wertorientierung,
der Kasuistik, der institutionellen Faktoren etc. behandelt werden) und der
wissenschaftlichen Analyse sozialer Techniken andererseits unterschieden
werden. Im handwerklichen Stadium basierte die Arbeitsmethode primär auf
der Praxistheorie, auch wenn bestimmte wissenschaftliche Konzepte bei-
gezogen werden (siehe Schema).
In einem technologischen Stadium, in dem der organische Zusammenhang
zwischen Ziel und Mittel wegfällt und die Mittel auf Effektivität und
Wirtschaftlichkeit hin geprüft werden, erachten wir eine Differenzierung
zwischen „Methode" und „Techniken" für weniger sinnvoll (siehe weiter
Seite 126).*

Die agogischen Arbeitsmethoden entwickelten sich aus praktischen Fragestellungen; sie waren in der Periode ihres Entstehens in der Regel stark an
die persönlichen Fähigkeiten eines oder mehrerer Pioniere gebunden. Ein
deutliches Beispiel dafür ist die Entstehungsgeschichte der psychoanalytischen
Methode.
Die Anfangsphase einer Methode könnte man im Stadium der Handwerklichkeit folgendermaßen beschreiben: Die Methode ist noch nicht oder erst
teilweise über die direkte Beziehung von Lehrer und Schüler hinaus übertragbar.
Je mehr die Auseinandersetzung mit der Methode einen eher wissenschaftlichen Charakter erhält und nicht mehr ausschließlich eine Kumulation von
Praxiserfahrungen ist, tritt die Methode in eine neue Phase: Sie wird mit
Hilfe der verhaltenswissenschaftlichen Theorie – mindestens teilweise –
durchleuchtet.
Was die Entwicklungsebene betrifft, so unterscheiden sich die verschiedenen
Arbeitsmethoden beträchtlich. Dies zeigt sich vor allem zwischen Methoden,
die sich ganz aus der Praxis heraus entwickelten (z. B. Soziale Gruppenarbeit) und solchen, die stärker auf experimentell wissenschaftlicher Forschung aufbauen (z. B. die T-Gruppenmethode). Das Erstellen eines Inven-
tars der Arbeitsmethoden wird dadurch erschwert, daß der Übergang von
spontaner zu systematischer Arbeitsweise sehr fließend ist.
Die Durchführung mehrtägiger Konferenzen z. B. weist wohl auf einige

Systematisierung der Arbeitsweisen und ein gezieltes „Einbauen" von Teiltechniken (z. B. der Arbeit in Untergruppen) hin, doch scheint es voreilig,
bereits von einer Konferenzmethode sprechen zu wollen.
Dies gilt genauso für den Umgang mit Gesprächsgruppen. Zwar wird hier
oft von „Gesprächstechniken" und „Diskussionsmethoden" gesprochen, doch
geht es bei genauerer Betrachtung dabei meist um eine Reihe von Teiltechniken, die in einen neuen Zusammenhang untereinander gebracht werden,
ohne daß die übergreifende Struktur vollkommen deutlich wäre.
Zu deutlich anweisbaren Arbeitsmethoden können wir auf jeden Fall folgende zählen: verschiedene gesprächstherapeutische Methoden, Soziale Einzelhilfe und Soziale Gruppenarbeit (als Methoden der Sozialarbeit), verschiedene Methoden innerhalb des Bereichs der Fremdplazierungen von
Kindern, wie z. B. die Methode der therapeutischen Familienpflege, und
schließlich die T-Gruppenmethode als eine erst in letzter Zeit entwickelte
Arbeitsmethode mit einem sehr breiten Einsatzfeld.
Beim Besprechen der Frage nach dem Einführen von Veränderungen werden
wir noch näher auf den Inhalt und die Bedeutung dieser Arbeitsmethoden
zu sprechen kommen.

Die spezifische Bestimmungsfunktion

Da die direkten Forderungen der Praxis für die Richtung, die die Entwicklung der Arbeitsmethoden nahm, entscheidend gewesen waren, vollzog sich
diese Entwicklung beträchtlich isoliert. Dadurch wurde die Theoriebildung
auf höherer Ebene als derjenigen einer Fachtheorie deutlich gebremst. Auf
jeden Fall war eine gegenseitige Beeinflussung erkennbar. Deutlichstes Beispiel dafür ist der enge Zusammenhang, der zwischen Sozialer Einzelhilfe
und Psychoanalyse entstanden ist. Zwar stützte sich die Einzelhilfe eher auf
Freuds Persönlichkeitstheorie als auf die Behandlungstechniken, aber es
wurden doch auch gewisse Einsichten aus den psychoanalytischen Techniken
übernommen – man denke dabei nur an die Bedeutung, die in der Literatur
zur Sozialen Einzelhilfe dem Phänomen der Übertragung und Gegenübertragung beigemessen wird (z. B. Hollis, 1964). In der Methode der therapeutischen Familienpflege sind Erkenntnisse aus verschiedenen Disziplinen
verwertet und werden da eingesetzt, wo eine orthodoxe Anwendung be-

stehender therapeutischer Systeme bei Kindern mit schweren Verhaltensstörungen im allgemeinen versagte.

In der T-Gruppenmethode wiederum sind Einflüsse der Gruppentherapie (Slavson, Moreno), der Diskussionsmethoden und der Sozialen Gruppenarbeit erkennbar.

So deutliche gegenseitige Beeinflussungen erweisen sich jedoch eher als Ausnahmen denn als Regel und haben kaum systematischen Charakter.

In diesem Zusammenhang erwähnen Theoretiker der T-Gruppe „non-communicating conceptualizations of learning in various segments of our society" * und fügen hinzu „. . . it is a blemish insofar as it delays and blocks the development of more valid conceptualizations than any single area of social practice can provide" (Bradford e. a., 1964)**.

Manchmal wird der Wirkungsbereich der Methode als eng begrenzt gesehen. Freud nannte seine Behandlungsmethode in seiner „Allgemeinen Einführung in die Psychoanalyse" eine medizinische Methode zur Behandlung von nervösen Störungen und hielt die Methode nur dann für sicher, wenn sie in den Händen medizinischer Spezialisten blieb (allerdings erkannte er später die Möglichkeit nicht-medizinisch ausgebildeter Psychoanalytiker; dabei handelt es sich jedoch um sehr wenige). Die Tendenz, die Methode auf diese Weise gegen eine falsche Anwendung abzusichern, finden wir bei einer anderen gesprächstherapeutischen Methode, der „Client-centered"-Therapie von Rogers, weniger, obwohl auch sie vorwiegend im Rahmen der Psychiatrie angewandt wird.

Die Soziale Einzelhilfe war zu Beginn weitgehend identisch mit der gesamten Berufsausübung des Sozialarbeiters. Erst später wurde deutlich zwischen den Zielsetzungen der Sozialarbeit und den methodischen Möglichkeiten, durch die dieses Ziel angestrebt werden kann, unterschieden.

Die Soziale Gruppenarbeit, die auf einem breiten Einsatzbereich aufbaute, weist eine doppelte Entwicklungslinie auf. Einerseits fand eine Verengung der Zielsetzung statt, indem man Soziale Gruppenarbeit als Methode der Sozialarbeit im engeren Sinne aufzufassen begann; andererseits erfolgte

---

* . . . nicht auf Kommunikation beruhende Konzepte des Lernens in verschiedenen Sektoren unserer Gesellschaft.

** . . . dies ist insofern ein Nachteil, als dadurch die Entwicklung fruchtbarerer Konzepte, als sie jeder andere Bereich der Praxis liefern könnte, verzögert und blokkiert wird.

unter anderm in den Niederlanden eine Erweiterung der Zielsetzungen, indem die Gruppenarbeit als Basismethode für jede Arbeit mit Gruppen aufgefaßt wurde (ten Have, 1961).

Die T-Gruppenmethode zeigt sich deutlich als Arbeitsmethode mit einem sehr weiten Einsatzbereich, der durch Bradford e. a. (1964) etwa als das Gebiet der „educational needs" bezeichnet wird.

Bei der Methode der therapeutischen Familienpflege kann dagegen von einem hohen Grad an Spezifität gesprochen werden; es geht dort um eine spezielle Kategorie gestörter Kinder.

Im allgemeinen kann gesagt werden, daß, obwohl die Bestimmungsfunktion einer Methode schmaler sein kann als die der andern, hinsichtlich der Einsatzbereiche immer starke Einschränkungen bestehen. Dies ist insofern schade, als in diesen Arbeitsmethoden sozial-technische Prinzipien vorhanden sind, deren Bedeutung für das gesamte Feld agogischer Arbeit wesentlich ist.

Die Theorie der Arbeitsmethoden

Verschiedene Faktoren führten dazu, daß die theoretische Formulierung der Arbeitsmethoden sehr unbefriedigend ist.

Als ersten Faktor wollen wir die recht willkürliche Wahl der wissenschaftlichen Konzepte, auf denen diese Theoriebildung aufbaut, nennen. Nicht selten wird diese Auswahl durch Modebegriffe der Verhaltenswissenschaft bestimmt, die dann, meist verwässert, in die Arbeitsmethoden eingeführt werden.

Auch wenn diese Begriffe an sich eine Bereicherung für die Arbeitsmethoden bedeuten können (der Rollenbegriff z. B. führte zu wesentlichen Klärungen in der Sozialen Einzelhilfe), bleibt es doch bedenklich, daß die Auswahl so zufällig geschieht. Auch bei weniger bekannten Begriffen aus den Verhaltenswissenschaften könnten wohl sehr brauchbare Konzepte gefunden werden. Selektion ist von primärer Bedeutung, doch sollte sie auf rationaler Basis getroffen werden, wobei die wissenschaftliche Glaubwürdigkeit und die praktische Verwendbarkeit bestimmende Kriterien sein sollten.

An zweiter Stelle wollen wir ein weiteres Phänomen erwähnen, das die theoretische Fundierung der Arbeitsmethoden besonders behindert hat: die

Abwehr gegenüber wissenschaftlicher Analyse. Diese Abwehr erkennen wir u. a. in der übermäßigen Betonung des Aspektes der Kunstfertigkeit („art") in der Arbeitsweise, die dann als höchst persönliche Sache gesehen wird. Wir treffen diese Ansicht z. B. bei Freud, der sehr wenig über die Behandlungstechniken publizierte, und bei Perlman (1965), die zum Thema der Techniken in der Methode der Sozialen Einzelhilfe sagt: „... It is the expression of an individuality, the unique manner or style by which an individual acts out his conscious purpose" (S. 158)*. In der Sozialen Gruppenarbeit erkennen wir den Widerstand in der Spannung wieder, die zwischen der Welt der Gruppendynamik und der des Social Groupwork besteht (Drillich, Konopka, 1964). Ausnahmen bilden die Rogerian'sche Methode, die laufend von wissenschaftlichen Untersuchungen begleitet wird, die Methode der therapeutischen Familienpflege, die als Feldexperiment entwickelt wurde, und die T-Gruppenmethode, die den Anstoß zu einer Reihe von Untersuchungen gab. Die genannte Abwehr ist somit bei jenen Arbeitsmethoden am deutlichsten vorhanden, die eine lange Tradition im vorwissenschaftlichen Stadium haben – vorwissenschaftlich, was die Entwicklung der Methode betrifft.

An dritter Stelle ist das Ungenügen der Verhaltenswissenschaften zu nennen. Noch immer halten die Scharmützel zwischen vor allem der Soziologie, der Sozialpsychologie und der individuellen Psychologie an; zudem werden die Parteien noch durch interne Auseinandersetzungen geschwächt. Der daraus entstandene Mangel an Übereinstimmung in den Verhaltenswissenschaften hat die Anwendung wissenschaftlicher Erkenntnisse in der Praxis sicher nicht gefördert.

Auch wenn uns die Vorstellung einer einheitlichen „Science of man" recht illusorisch zu sein scheint, bleibt von der agogischen Praxis her gesehen doch die Notwendigkeit bestehen, daß ganze Komplexe empirisch überprüfter verhaltenswissenschaftlicher Erkenntnisse, die sich auf Aspekte der agogischen Aktion (z. B. Verhaltensänderung, Beeinflussung etc.) beziehen, verfügbar werden, um damit das methodische Handeln besser fundieren zu können.

Schließlich wollen wir noch den Unterschied in der beruflichen Haltung und

---

* Die Art, wie ein Individuum seine bewußt angestrebten Ziele zu verwirklichen sucht, ist Ausdruck seiner Individualität, seines ureigensten Wesens und Stiles.

die gegenseitigen Rollenerwartungen des Wissenschaftlers und des praktizierenden Agogen nennen. Bisno (1960) faßt dieses Problem treffend zusammen, wenn er feststellt: „While the social scientist is involved in the
development of generalizations phrased in conceptual terms, the social
worker (resp.: der Agoge – van Beugen) tends to be concerned with the
application of general principles to the specific instance*." ... „While the
requirements and traditions of science lead the social scientist, at least
ideally, to suspend judgment and reserve recommendations as to alternative
courses of actions, the social worker's decision is necessarily dictated by the
requirements of the user of service within a given context**." Der Praktiker
muß nun einmal auch dort handeln, wo eigentlich noch zu wenig wissenschaftliche Theorie verfügbar ist, die dieses Handeln stützen könnte. Dabei
sind die gegenseitigen Rollenerwartungen nicht immer realistisch. Der Praktiker realisiert die Möglichkeiten und Grenzen wissenschaftlicher Aktivität oft
zu wenig; andererseits hat der Wissenschaftler oft völlig falsche Vorstellungen
der Beeinflussungsprozesse, an denen der Praktiker beteiligt ist[1].

Die Notwendigkeit einer Basistheorie

Man kann die Tatsache akzeptieren, daß Arbeitsmethoden beträchtlich
isoliert als Antwort auf praktische Probleme entstehen; bei einer Weiter-
führung der theoretischen Gedanken zum instrumentalen Aspekt der agogischen Aktion wäre es jedoch rein schon vom Gesichtspunkt der Efficiency
wünschbar, die Gemeinsamkeiten systematisch zu analysieren.
Die Erarbeitung einer Basistheorie des instrumentalen Aspektes der ago-

---

* Während sich der Sozialwissenschaftler mit der Entwicklung allgemeingültiger Aussagen im Sinne von Konzepten befaßt, tendiert der Sozialarbeiter (...) dazu, sich
  mit der Übertragung allgemeiner Gesetzmäßigkeiten auf die spezifischen Gegebenheiten zu beschäftigen.
**Während die Forderungen und die Traditionen der Wissenschaft den Sozialarbeiter
  – wenigstens als Ideal — dazu führen, sich eines Urteiles zu enthalten und Rat-
  schläge auf Alternativen des Vorgehens zu beschränken, werden die Entscheide
  des Sozialarbeiters in der Regel durch denjenigen, der die Dienstleistung in Anspruch nimmt, in gewissem Rahmen bestimmt.
[1] Die Auffassungen in bezug auf die Unterschiede in Haltungen und auf nicht-
  realistische Rollenerwartungen übernahmen wir von Van der Vegt (1961).

gischen Aktion könnte dazu beitragen, die Grundstruktur des agogischen Handelns losgelöst von bestimmten Arbeitsbereichen zu erhellen.

Eine solche Theorie würde, wenn sie innerhalb einer mehr oder weniger abgegrenzten Disziplin aufgebaut werden könnte, den Charakter einer (sozial-)technischen Wissenschaft haben und wäre daher als *soziale Technologie* zu bezeichnen.

Da, wo sich diese soziale Technologie auf das Gebiet der agogischen Aktion bezieht, wäre sie ein Teilgebiet einer agogischen Theorie, die mehr umfaßt als nur den instrumentalen Aspekt (s. Kapitel 8).

Kapitel 5
Phasen der agogischen Aktion

Auch wenn nicht von einer abgerundeten Chronologie von Phasen (s. S. 27) gesprochen werden kann, wird in der Theoriebildung zur agogischen Aktion doch immer wieder auf eine Anzahl von Momenten – wie Vorbereitung, Durchführung und Auswertung – hingewiesen, die sich während der gesamten Zeiteinheit, die ein agogisches Aktionsprogramm umfaßt, zyklisch wiederholen.

Eine der ältesten Phasentheorien finden wir bei Lewin (in: Bennis e. a., 1962), der drei Phasen unterscheidet:

1. das „unfreezing" der aktuellen Funktionsebene des zu verändernden Systems;
2. das „moving", die Bewegung auf eine neue (die gewünschte) Ebene des Funktionierens hin;
3. das „freezing", das Konsolidieren des neuen Gleichgewichts.

Lippitt e. a. fügen noch zwei weitere Phasen hinzu: eine Phase nach dem „unfreezing", in der eine Beziehung zwischen dem Dienstleistungssystem und dem Klientsystem aufgebaut wird, und eine Phase (nach dem „freezing"), in der diese Beziehung wieder abgebaut wird[1].

Diese Erweiterung scheint uns nicht sinnvoll, da sie leicht das Mißverständnis aufkommen läßt, daß das „unfreezing" nicht auf beziehungsmäßigen Prozessen beruht. In der Regel ist jedoch auch für das „unfreezing" eine funktionale Beziehung der Zusammenarbeit nötig, in der die Dimension einer möglichen Verbesserung der Situation des Klientsystems bereits wirksam ist.

Was nun die Phase des Beziehungsaufbaus betrifft, so scheint es uns fraglich, ob sie losgelöst von der Stabilisierung des durch die agogische Aktion erreichten Resultates gesehen werden kann. Eine Beziehung, die nicht deutlich durch die *Beendigung* gekennzeichnet ist, scheint uns per Definition eine unstabile Wirkung zu beinhalten; sie kommt der Anerkennung einer noch vorhandenen Abhängigkeit des Klientsystems gleich.

---

[1] Die Phase des „moving" unterteilen sie dabei noch in eine *diagnostische,* eine *zielbestimmende* und eine *direkt-beeinflussende* Sub-Phase.

Allerdings regt Lewins Theorie auch uns zu einer Erweiterung an, die eine genauere Differenzierung des agogischen Prozesses ermöglicht. Es wäre z. B. sehr wünschbar, näher zu differenzieren, was sich *vor* der eigentlichen Veränderung („moving") abspielt.

Das „unfreezing" weist auf einen ganz bestimmten Typus der Anfangssituation hin, nämlich auf eine Ausgangssituation, in der eine Beeinflussung nötig ist, um Widerstände gegen Veränderung abzubauen. Dies ist zwar häufig so, muß aber nicht für alle Anfangssituationen zutreffen. Es kann z. B. auch ein manifestes Bedürfnis nach Veränderung vorhanden sein. Hier spielen die Widerstände keine primäre Rolle, doch wird agogische Aktion trotzdem gewünscht, um eine Problemsituation zu beheben oder andere Dienstleistungen zu ermöglichen.

Wir möchten daher als erste Phase der agogischen Aktion das *Abklären des Bedürfnisses nach Veränderung* (wo ein manifestes Bedürfnis vorliegt) oder das *Entwickeln eines Bedürfnisses* (das manifeste Ausdrücken eines latent vorhandenen Bedürfnisses) bezeichnen. Im zweiten Fall kann es nötig sein, zuerst allfällig vorhandene Widerstände abzubauen.

Als zweite Phase wollen wir *die Zielsetzung und das Erstellen einer Diagnose* nennen. Bevor zum „moving" übergegangen werden kann, müssen eine Analyse der Ausgangslage und eine Bestimmung der Arbeitsziele vorgenommen werden.

Erst dann kann die dritte Phase eintreten: die *Bestimmung der Strategie*. Aus den sozialtechnischen Möglichkeiten muß die günstigste Art des Vorgehens ausgewählt werden.

Die vierte Phase umfaßt die eigentliche *Verhaltensänderung;* die gesamten Interventionen, die zum gewünschten veränderten Verhalten führen sollen. Das „freezing", das danach stattfinden muß, hat sowohl die Bedeutung einer „Ausdehnung" des Resultats auf die Lebenssituation wie der Erreichung einer permanenten Wirkung.

Als fünfte Phase wollen wir daher die *Generalisierung und Stabilisierung* der Veränderung erwähnen.

Die letzte Phase bildet die *Auswertung*. Die heutigen Beurteilungstechniken bestehen nicht mehr darin, nachträglich die Resultate zu messen, sondern werden innerhalb der Beziehung zwischen Dienstleistungssystem und Klientsystem eingesetzt.

Erste Phase: Abklären resp. Entwickeln des Bedürfnisses nach Veränderung

Es ist für die heutige Situation in der agogischen Theoriebildung charakteristisch, daß die Besprechung der Phasen der agogischen Aktion bei der Frage nach der Motivation des Klientsystems einsetzt. Leavitt (Cooper e. a., 1964) weist darauf hin, daß in den ersten Jahren nach dem Zweiten Weltkrieg beim Aufkommen der Gruppendynamik noch stark in manipulativen Begriffen gedacht wurde (Leavitt erwähnt in diesem Zusammenhang Lewin, Coch und French), und daß man bei Beeinflussung stark das Überwinden von Widerständen im Auge hatte, ohne dabei die Frage nach der Legitimität der beabsichtigten Veränderung zu stellen. Erst später rückte das Streben nach einer ausgeglichenen Machtverteilung in den Mittelpunkt, wobei bewußt eine Beeinflussungssituation angestrebt wurde mit „a power distribution in which the client and change-agent have equal, or almost equal, opportunities to influence" * (Bennise e. a., 1962, S. 154).

Dieses Streben nach maximaler Mitbestimmung des Klientsystems in der agogischen Aktion zeigt sich bereits beim Problem der Motivation. Nicht die mehr oder weniger guten Absichten des Beeinflussenden, sondern die Situation des Klientsystems in bezug auf die Motivation ist für die Frage, ob agogische Aktion eingesetzt werden soll, von entscheidender Bedeutung.

Eine sorgfältige Analyse der Motivationskräfte ist denn auch erste Aufgabe des Agogen.

Lippitt e. a. beschreiben vier Arten der Motivation:

1. Es herrscht Unzufriedenheit in bezug auf die aktuelle Situation; der Wunsch besteht, diese Situation zu verbessern.
2. Es besteht eine Diskrepanz *innerhalb* des Klientsystems, z. B. zwischen Normen und Verhalten.
3. Es wird *von außen* Druck zur Veränderung auf das Klientsystem ausgeübt. Bei abweichendem Verhalten kann dieser Druck z. B. in gesellschaftlichen Forderungen bestehen.
4. Es entsteht *von innen her*, z. B. als Folge von Wachstumsprozessen, ein Druck zur Veränderung.

Dabei muß zwischen der anfänglichen Motivation, die Anlaß gab, um die

---

* ... einer Machtverteilung, in der Klient und der „change agent" über gleiche oder annähernd gleiche Möglichkeiten der Beeinflussung verfügen.

agogische Beziehung einzugehen, und den Motivationskräften, die nach dem Zustandekommen dieser Beziehung eine Rolle zu spielen begannen, unterschieden werden. Erwartungen des Dienstleistungssystems z. B. können zu einem wichtigen Motivationsfaktor werden.

Wenn wir, wie übrigens auch Lippitt e. a., zwischen Kräften differenzieren, die in Richtung der gewünschten Veränderungen wirken („change forces"), und solchen, die diese Veränderung hemmen („resistance forces"), so können wir da von einem Bedürfnis nach Veränderung sprechen, wo die „change forces" stärker als die „resistance forces" sind.

Das Bedürfnis nach Veränderung wird nicht immer manifest ausgedrückt; es kann auf zwei verschiedene Arten latent vorhanden sein:
1. Das Bedürfnis ist zwar vorhanden, wird aber durch andere Faktoren überlagert und führt deshalb nicht zur Aktion;
2. das Bedürfnis ist *verdrängt* und nur in verschiedenen Abwehrmechanismen erkennbar.

Während im ersten Fall Stimulierung durch das Anbieten einer agogischen Beziehung oft genügt, muß im zweiten Fall die Verdrängung behoben werden, bevor eine effektive agogische Aktion möglich ist. Hier ist dann „unfreezing" am Platz.

Manchmal ist es schwierig, diese Widerstände – jetzt im psychoanalytischen Sinn verstanden – gegen *rational* bedingte Ablehnung der Veränderung abzugrenzen.

Wenn ein manifestes Bedürfnis vorliegt, wird oft das Klientsystem selbst die Initiative zum Beizug von Fachleuten ergreifen. Ist das Bedürfnis jedoch latent – besonders da, wo es um Verdrängung geht –, so wird die Initiative oft vom Dienstleistungssystem oder von Drittpersonen ausgehen.

Wenn nun wirklich ein Bedürfnis nach Veränderung festgestellt (oder entwickelt) werden konnte, müssen, bevor zu agogischen Interventionen übergegangen werden kann, noch einige Fragen geklärt werden:
1. Kommt dem Bedürfnis innerhalb des Wertsystems des Klienten genügend Priorität zu, um die agogische Aktion zu rechtfertigen?
2. Verfügt das Klientsystem selbst über genügend Hilfsquellen?
3. Ist das betreffende Dienstleistungssystem zuständig für die Vermittlung der entsprechenden Hilfe oder muß eine Überweisung angestrebt werden?
4. Können realistischerweise gewisse Resultate erwartet werden?

5. Sind genügend Ansatzpunkte für den Aufbau einer funktionalen Beziehung der Zusammenarbeit vorhanden?

6. Ist der Inhalt der Zielsetzungen, die den festgestellten Bedürfnissen entsprechen, gesellschaftlich verantwortbar, oder müssen zuerst Kräfte freigelegt werden, die das Festsetzen sozial akzeptabler Zielsetzungen ermöglichen? (Schein, 1961).

Einen Hinweis auf die optimalen Bedingungen für das Verstärken der Motivation finden wir bei Festinger (1957), der die Meinung vertritt, daß, je weniger Zwang vorhanden ist, ein desto größerer psychologischer Druck zur Veränderung entsteht. Zwang und Überredungsversuche dagegen führen leicht zu einem Klein-Beigeben[1] und in der Folge zu Scheinveränderungen (d. h. nicht dauerhaften, streng an die Situation gebundenen Veränderungen). Die optimale Basis für eine echte Veränderung bildet ein tolerantes Klima.

Die Forderungen, die Frank (Powdermaker; Frank, 1953) im Blick auf die Gruppentherapie formuliert, um dort ein Klima zu schaffen, in dem Motivation ungehindert in zielgerichtetes Vorgehen umgesetzt werden kann, scheinen uns auf das gesamte Gebiet der agogischen Aktion übertragbar: Ein tolerantes soziales Klima („permissiveness"), das Angebot emotionalen Schutzes, die Stimulierung von Reaktionen und Gelegenheit, um Gefühle zu verbalisieren.

Zweite Phase: Zielsetzung und Erstellen einer Diagnose

Ten Have vertritt die Auffassung, daß zuerst eine Bestimmung des (agogischen) Zieles stattfinden muß, bevor das Erstellen einer Diagnose in Angriff genommen werden kann.

In erster Linie muß die bessere Situation, die angestrebt wird, genauer umschrieben werden (1962).

Ten Have spricht hier von einer Diagnose der angestrebten befriedigenderen Situation. Obwohl dies von der Bedeutung des Wortes her richtig ist (Diagnose = unterscheidend erkennen), kann doch leicht ein Mißverständnis

---

[1] Vgl. dazu den Begriff „compliance" von Kelman (s. Kap. 9).

entstehen, da man mit Diagnose in der Regel die Resultate eines Prozesses bezeichnet, in dem aufgrund der Sicht der aktuellen *Situation Art und Ursache (respektive funktionaler Zusammenhang) einer als unbefriedigend (abweichend, gestört) definierten Situation zu erkennen versucht werden.*

Es geht hier darum, allgemein festzustellen, was mit der agogischen Aktion erreicht werden soll; um die Wertvorstellungen des Klientsystems, die eine Rolle spielen, obwohl sie meistens nicht genügend explizit genannt werden.

Wenn jedoch an eine konkretere Zielsetzung (Arbeitsziele), die innerhalb dieser Wertvorstellungen liegt, gedacht wird, können Diagnose und Zielsetzung nicht voneinander unabhängig gesehen werden. Innerhalb der funktionalen Zusammenarbeit mit dem Klientsystem verläuft die Zielsetzung ja immer als Interaktionsprozeß. Dies trifft aber auch für das Diagnostizieren zu. Daher beeinflussen sich auch beide gegenseitig: Die Zielsetzung beruht auf diagnostischen Gegebenheiten, während das Gewicht, das bestimmten Informationen für die Analyse der Problemsituation beigemessen wird, durch die vorläufige Zielsetzung mitbestimmt ist.

Das Erstellen einer Diagnose geschieht noch zu oft im beschränkten Rahmen der Theorie *einer* bestimmten Arbeitsmethode. Der „blinde Flecken" der betreffenden Arbeitsmethode wird sich dann jedoch auch in der Diagnose auswirken, was vor allem deshalb gefährlich ist, weil die Diagnose trotzdem als *die* psychosoziale Diagnose aufgefaßt wird.

So kam man z. B. in der Heimerziehung oft zu Unrecht zum Schluß „nicht behandelbar" in bezug auf schwer gestörte Kinder; diese Schlußfolgerung hätte jedoch lauten sollen „Von der allgemein gebräuchlichen Diagnostik und Behandlungsmethode her gesehen nicht zu behandeln" (Hart de Ruyter, 1968).

Lippitt e. a. (1957) weisen auf die Notwendigkeit einer allgemeinen Theorie über die Erstellung psychosozialer Diagnosen hin. Nebst einer beschreibenden Analyse im Rahmen der verhaltenswissenschaftlichen Theorie, bei der die Realität von einer Mannigfaltigkeit von Gesichtspunkten her beleuchtet wird, besteht das Bedürfnis nach einer Theorie, bei der das *Problem* (als Abweichung von der Norm) Ausgangspunkt *und* Zielpunkt der Analyse ist.

Den Gedanken der Machtnivellierung finden wir auch bei den Auffassungen über das Diagnostizieren in der agogischen Aktion wieder. Anstelle der Meinung, daß das Erstellen einer Diagnose ausschließlich eine (Denk-)Aktivität des Dienstleistungssystems sei, tritt immer mehr die Ansicht, das Klientsystem müsse an diesem Prozeß teilhaben, und zwar nicht nur als Lieferant von diagnostischem Material (verbalem und anderem Verhalten).

Eine Zusammenarbeit beim Erstellen, die zu einer gemeinsamen Diagnose führt, hat eine Reduktion der Spannung (Katharsis) beim Klientsystem zur Folge und ermöglicht eine flexiblere Wahrnehmung (nach Pages, in: Bennis e. a., 1962).

Dabei muß allerdings zwischen dem Aufoktroyieren einer fixfertigen Diagnose und einer wirklichen Beteiligung im diagnostischen Prozeß, einer gemeinsamen Erforschung des Problems, unterschieden werden.

Diese Erforschung wird in der Regel mittels des vom Dienstleistungssystem vorgebrachten theoretischen Rahmens stattfinden, der dann allerdings „übersetzbar" sein muß. Dabei bilden aber sowohl die Komplexität bestimmter theoretischer Konzepte wie gewisse Faktoren beim Klientsystem (Intelligenz, intellektuelle Entwicklung, Grad der Störung etc.) sehr reale Beschränkungen.

Bei einer optimalen Beteiligung im diagnostischen Prozeß wird sich ein natürlicher Übergang zum Festlegen jener Ziele, die wirklich Produkt einer funktionalen Zusammenarbeit sind, ergeben.

Dritte Phase: Bestimmen der Strategie

Die Arbeitsziele bilden die Endpunkte dessen, was der Agoge durch seine Interventionen beim Klientsystem erreichen will.

Diese Interventionen stehen in einem Zusammenhang, dessen Struktur durch diese Ziele bestimmt wird; eine Sequenz solcher Interventionen kann Regelmäßigkeiten aufweisen, die es erlauben, hier von *(einfachen) Techniken* zu sprechen. Die Techniken ergeben sich nicht selbstverständlich aus der Diagnose und der Zielsetzung; es braucht als Zwischenglied eine Phase der *Wahl* der Techniken, der Festlegung der Reihenfolge etc. Dies nennen wir den Prozeß der *Bestimmung der Strategie*.

Die Theorie, die zu diesem Aspekt verfügbar ist, ist wenig differenziert.

Pages bemerkt dazu: „With regard to the strategy the most current methods are either the mere communication of orders or ,solutions' or the presentation of a diagnosis followed by communication of a suggested solution, or

again – and this is the most frequent case – the presentation of a diagnosis and the communication of a solution accompanied by persuasion and various techniques of social manipulations to ‚get the solution through'."*
(Bennis e. a., 1962)

Die Wahl der Beeinflussungstechniken ist, abgesehen von der Diagnose und den Zielsetzungen, auch von der *Tragfähigkeit des Klientsystems,* von verschiedenen *situationsbedingten Faktoren* und von den vorhandenen Techniken, d. h. dem momentanen Stand in der sozialtechnischen Theorie, abhängig. Beim Festsetzen der Arbeitsziele muß übrigens auch eine Einschätzung des technisch Realisierbaren erfolgen; dies wird oft zu einer Kompromißlösung führen.

Bei einer psychotherapeutischen Behandlung möchte man natürlich auf eine so weitgehend wie mögliche Behebung der psychischen Störungen abzielen; die Kosten einer langen Therapie, der ungünstige Einfluß eines bestimmten Milieus etc. können jedoch dazu beitragen, daß man sich für eine kürzere therapeutische Behandlung entschließt, die zwar nicht zu völliger „Behebung der psychosozialen Notlage" führt, aber doch die Tragfähigkeit des Klienten vergrößern kann.

Die technischen Apsekte der Verhaltensbeeinflussung wurden bisher erst wenig analysiert, so daß wir, da wir keineswegs über ein breites Spektrum von Arbeitsweisen verfügen, in der Regel im Rahmen einer einzigen Arbeitsmethode denken müssen. Es kann denn auch kaum von einer auf die Diagnose und die Zielsetzung folgenden *Auswahl* der Techniken gesprochen werden – eher handelt es sich um eine methodische Erstarrung (ten Have, 1962).

Die Bestimmung der Strategie muß sich auf zwei Ebenen abspielen:

1. Eine multidisziplinäre Bestimmung der Strategie, die zur Wahl bestimmter Arbeitsmethoden oder einer Kombination von Methoden führt.

2. Eine Bestimmung der Strategie innerhalb der gewählten Arbeits-

---

* Im Blick auf die Strategie bestehen die gebräuchlichsten Methoden entweder im bloßen Übermitteln von Befehlen oder „Lösungen" oder in der Darstellung einer Diagnose, der ein Lösungsvorschlag folgt, oder aber – und dies ist der häufigste Fall – in der Darstellung einer Diagnose und der Übermittlung eines Lösungsvorschlages bei gleichzeitigen Überredungsversuchen und verschiedenen Techniken der sozialen Manipulation, die das Ziel haben, die Lösung „durchzuboxen".

methode(n), bei der die Auswahl, die Reihenfolge und die Kombination der Teiltechniken geplant werden.

Die multidisziplinäre Bestimmung der Strategie geht vom allgemeinen Problem der Überbrückung der Kluft zwischen der wirklichen Situation (die in diagnostischen Begriffen gefaßt ist) und der befriedigenderen Situation (die in Arbeitszielen umschrieben ist) aus.

Aufgrund dieser Problemstellung ergeben sich in der Bestimmung der Strategie folgende mögliche Schlußfolgerungen:

1. Die Arbeitsziele können möglicherweise durch Teiltechniken erreicht werden, die Bestandteile einer bestimmten Arbeitsmethode (z. B. der „client-centered" Therapie) sind.
2. Die Ziele können nur durch interdisziplinäres Vorgehen erreicht werden. Verschiedene Methoden werden parallel eingesetzt, oder es wird, wie dies bei der Methode der therapeutischen Familienpflege der Fall ist, eine neue Arbeitsweise geschaffen, die auf aufeinander abgestimmten Elementen bestehender Methoden, die unter einem einheitlichen Gesichtspunkt gewählt werden, beruht.
3. Die erwähnte Kluft kann mit den verfügbaren Beeinflussungstechniken nicht überbrückt werden. In der Sozialarbeit und der seelischen Gesundheitspflege wird es immer eine Reihe von Situationen geben, die mit den vorhandenen Behandlungsmethoden nicht angegangen werden können. Aufgrund der Tatsache, daß die Bestimmung der Strategie nur teilweise rationalen Charakter hat, wird man diesen Schluß aus humanitären Überlegungen jedoch nicht schnell ziehen. Man müßte empirisch festzustellen versuchen, wie groß die Anzahl der „unbehandelbaren Fälle" ist, die doch als Klienten akzeptiert werden, u. a. vielleicht um dem Ansehen der betroffenen Behandlungsorganisationen nicht zu schaden. Deutlich ist allerdings, daß solche Situationen in jedem Fall eine ansehnliche psychische Belastung darstellen und beträchtlichen Zeitaufwand erfordern.

Vierte Phase: Das Einführen der gewünschten Veränderung

Auch diese Phase kann nicht scharf gegenüber den anderen Phasen abgegrenzt werden.

Wenn die Motivation geweckt oder gefördert, eine Diagnose erstellt und die Zielsetzung operationalisiert wird – und dies alles in Zusammenarbeit mit

dem Klientsystem – so werden doch wohl bereits Veränderungen eingeführt, die in direktem Zusammenhang mit dem stehen, was Lewin als
„moving" bezeichnet.

Wie wir bereits erwähnten, wurde in den agogischen Arbeitsmethoden die
Frage der Einführung von Verhaltensänderungen bisher stärker von klinischen Erkenntnissen als von wissenschaftlichen Theorien her angegangen.
Wir wollen nun einzelne Arbeitsmethoden genauer betrachten, doch wird
analyse als Behandlungsmethode und ihre technischen Aspekte kaum eingegangen.

dabei noch nicht auf die Frage nach der theoretischen Basis der Verhaltensänderung eingegangen (s. dazu Kapitel 9).

In bezug auf die *psychoanalytische Methode*[1] ist zwar eine Menge Literatur
vorhanden, doch wird dabei auf eine detaillierte Beschreibung der Psycho-
1904 beschrieb Freud in „Die Freud'sche psycho-analytische Methode" seine
Arbeitsweise sehr allgemein; einige Jahre später beschloß er, kürzere Abhandlungen über die Technik der Psychoanalyse zu schreiben. Diesen Plan
führte er jedoch nie aus; vermutlich hat dabei seine Meinung, daß die
psychanalytische Technik nicht aus Büchern gelernt, sondern nur durch eine
Lehrmeister-Schüler-Beziehung übermittelt werden könne, mitgespielt.

1911 bis 1915 erschienen dann jedoch trotzdem sechs Publikationen über sein
Vorgehen in der Therapie. Darin behandelt Freud u. a. die Traumanalyse –
eine Erweiterung der Technik der freien Assoziation – die Übertragung, die
Haltung des Analytikers, Aspekte des Beginns einer Behandlung und das
Durcharbeiten bewußtgemachter Widerstände.

Anweisungen in bezug auf die Technik gibt er jedoch nur sehr beschränkt.
Freud verglich die psychoanalytische Methode einmal mit dem Schachspiel
(1933): nur das Anfangs- und Endspiel können systematisch wiedergegeben
werden – und selbst das im allgemeinen nicht vollkommen, sondern nur im
Sinne der Beschreibung eines durchschnittlichen Vorgehens. Die fundamentale Technik der Psychoanalyse bildet die Interpretation, wobei Freud von
der „Deutkunst" spricht, da „... die Deutungsarbeit nicht streng in Regeln
zu fassen (sei) und dem Takt und der Geschicklichkeit eines Arztes einen

---

[1] Wir beschränken uns hier auf die orthodoxe Psychoanalyse und die Ich-analytische
Richtung, wobei wir uns auf die Publikationen von Jones (1962), Munroe (1955),
Bally (1961) und Ford und Urban (1964) stützen.

großen Spielraum (läßt); allein wenn man Unparteilichkeit mit Übung verband, gelangte man in der Regel zu verläßlichen Resultaten" (Bally, 1961, S. 219).

Das Material für die Deutung wird durch die freie Assoziation geliefert, in der Form von Träumen, Fehlleistungen, physischen Reaktionen des Patienten und Berichterstattungen des Patienten über kürzlich eingetretene Ereignisse.

Den wahrscheinlich schwierigsten und wichtigsten Teil der Behandlung bildet der Umgang mit der Übertragung (Bally, 1961). Die gesamte Libido der Symptome ist in der Übertragung aufgestaut und konzentriert.

Über den zweiten Teil der Behandlung, nämlich das Lösen der Libido von diesem neuen Objekt, ohne in die Verdrängung zurückzufallen, sagte Freud nur wenig; auch hier glaubte er jedoch, daß es eher eine gewisse Fähigkeit als genau formulierbare Anweisungen für eine richtige Technik brauche. Es geht um die *Haltung* des Analytikers, der eine Distanz schaffen muß, in der es möglich wird, mit Übertragung und Gegenübertragung umzugehen.

Das Durcharbeiten kann schließlich als Endstadium der Behandlung gesehen werden. Hier liegt jedoch, wenigstens hat Freud dies so gesehen, die Aktivität stärker beim Patienten als beim Therapeuten. „Der Arzt hat dabei nichts anderes zu tun, als zuzuwarten und einen Ablauf zuzulassen, der nicht vermieden, auch nicht immer beschleunigt werden kann." (Bally, 1961, S. 228)

Man kann somit festhalten, daß Freud nur wenig technische Hinweise zu seiner Behandlungsmethode glaubte geben zu können und zu dürfen.

Bei der ich-analytischen Richtung[1] der Methode ist wohl eine deutliche Umformung der psychoanalytischen Theorie erkennbar, die die Entwicklung des normalen Verhaltens, die Ich-Funktionen und damit die situationsbedingten Faktoren als Zentrum hat, doch sind die Auswirkungen auf die therapeutische Technik noch unklar. Die orthodoxen Freudianischen Techniken werden hier zwar ebenfalls gebraucht, doch liegt die Vermutung nahe, daß dies eine Folge der noch ungenügenden Verarbeitung der abgeänderten Theorie ist. Vor allem die neuen Erkenntnisse hinsichtlich der Entstehung und Funktion von Verhalten sind, u. a. wegen des Fehlens einer psycho-

---

[1] Wichtigste Vertreter dieser Richtung sind Rapaport, Anna Freud, Erikson, Kris und Lowenstein (Ford und Urban, 1964).

analytischen Lerntheorie, noch zu wenig auf ihre möglichen Konsequenzen für das therapeutische Vorgehen hin analysiert worden (Rapaport, in: Ford, Urban, 1964).

Hartmann erwähnt seinerseits z. B. die Notwendigkeit, Interpretation vermehrt in Begriffe von konkreten, spezifischen Ereignissen in der Umgebung zu fassen und zu untersuchen, welche Situationen das Fehlverhalten aufrechterhalten, damit man so zu einer gezielten Handhabung geeigneter situationsbedingter Faktoren zur Beeinflussung des Verhaltens kommen könne.

Die erste Publikation über die von Rogers entwickelte Methode, die „clientcentered" Therapie[1], datiert aus dem Jahre 1940. Die weitere Entwicklung der Methode kann aus einer ganzen Reihe späterer Publikationen abgeleitet werden (Rogers, 1951; 1954; 1959; 1961).

Rogers geht von dem Gedanken aus, daß alles als negativ bezeichnete Verhalten *angelernt* ist und einer Störung der normalen Entwicklung gleichkommt. Die normale Entwicklung führt nach Rogers zu einem freundlichen, sich selbst annehmenden und an die Gesellschaft angepaßten Menschen. Kennzeichen geistiger Gesundheit ist, daß sich der Mensch seines Verhaltens bewußt ist und in jeder Situation angemessene Verhaltensmuster wählt. Wenn diese Situation gestört ist, das heißt, wenn sich Diskrepanzen zwischen den Lebenserfahrungen und dem Bild, das der Mensch von sich selbst hat, ergeben, kann eine Therapie dadurch Hilfe vermitteln, daß in ihr optimale Bedingungen geschaffen werden, um Fehler abzulernen und neues, effektives Verhalten anzulernen.

Die Art und Weise, in der ein Patient sich selbst und die Welt sieht, erfährt in Rogers' Therapie eine wesentliche Veränderung: Lernen bedeutet Selbstentdeckung (Ford, Urban, 1964).

Es ist denn auch der Patient, der die Ziele der Therapie bestimmt, wobei eine Diagnose nicht nur als überflüssig, sondern sogar als schädlich betrachtet wird.

Einige wichtige Elemente von Rogers' Therapie sind:

1. Eine einfühlende Haltung des Therapeuten, die darauf gerichtet ist, die Worte und Gefühle des Patienten so umfassend wie möglich zu begreifen und ihn in diesen Äußerungen vollständig zu akzeptieren.

---

[1] Bei dieser Beschreibung stützen wir uns vor allem auf Ford und Urban (1964) und Harper (1962).

2. Das Zusammenfassen oder Zu-einer-Synthese-Bringen der geäußerten Gefühle.
3. Das Hinweisen auf die Art und die Beschränkungen der therapeutischen Beziehung.
4. Das Abgeben von Information an den Patienten, ohne damit dessen Abhängigkeit zu erhöhen.
5. Das Einsetzen der Kommunikation zwischen Therapeut und Patient.

Trotz der Möglichkeit, diese Teiltechniken zu formulieren, sieht Rogers in seinen neueren Publikationen die *Haltung* des Therapeuten als entscheidend an (früher stellte er die Technik zentral).

In Rogers' Methode erfolgt keine bestimmte Selektion der Techniken; *eine* Behandlungsform wird für eine ganze Reihe psychischer Störungen als geeignet gesehen.

Der Verlauf der gesamten Behandlung läßt sich in einer Anzahl Phasen festhalten.

Zuerst wird die Hilfeleistungssituation umschrieben, worauf der Therapeut beginnt, das Verbalisieren und Symbolisieren von emotionalen Reaktionen anzuregen. Der Therapeut akzeptiert, erkennt und verdeutlicht negative Reaktionen. Eine zutreffende Symbolisierung negativer Gefühle hat durchweg zur Folge, daß positive Gefühle geäußert werden; auch diese akzeptiert und verdeutlicht der Therapeut.

Es entsteht somit eine Übereinstimmung zwischen Selbstreflexion und emotionaler Reaktion; der Patient beginnt, mögliche Aktivitäten zu erwägen und Initiative zu entwickeln. Darauf folgt eine sorgfältige Differenzierung und Formulierung von Ereignissen und Reaktionen. Dieses Verhaltensmuster wird mehr und mehr integriert; die noch verbliebenen Symptome wirken nicht mehr belastend und das Bedürfnis des Patienten nach Hilfe nimmt ab.

Die *T-Gruppenmethode*[1] hat erst eine recht kurze Geschichte. Sie hat ihren Ursprung in einer Konferenz im Sommer 1946, deren Teilnehmer vorwiegend aus Lehrer- und Sozialarbeiterkreisen stammten.

Das neu eröffnete Research Center for Group Dynamics des Massachusetts Institute of Technology führte eine Untersuchung durch, um eine Reihe von

---

[1] Es werden auch etwa die Begriffe „sensitivity training", „laboratory training" oder „Konferenz für das Training zwischenmenschlicher Beziehungen" verwendet (Nijkerk, 1965).

Hypothesen über die Wirksamkeit von Konferenzerfahrungen zu überprüfen. Diese Untersuchung wurde durch Kurt Lewin gemacht; die Leitung des Trainings lag bei Benne, Bradford und Lippitt. Diese Pioniere waren auch für die weitere Entwicklung der Methode von großer Bedeutung.

1954 wurden die National Training Laboratories gegründet, die Trainings- und Forschungsprojekte organisierten. Später wurden sowohl in den Vereinigten Staaten wie andernorts Zentren aufgebaut, in denen die T-Gruppenmethode angewandt wurde. Obwohl die Methode nur ein Bestandteil des gesamten Programms eines Trainingslaboratoriums ist, blieb die T-Gruppenmethode doch immer das zentrale Element.

Eine T-Gruppe läßt sich definieren als eine weitgehend unstrukturierte Gruppe, in der Individuen durch ihre Anwesenheit in der Gruppe als solche bestimmte Erfahrungen machen. Der Trainer ist in der Rolle des Leiters, der die Verantwortung für das Treffen von Entscheidungen so stark wie möglich den Teilnehmern überläßt und selbst lediglich als eine Art Katalysator zur Schaffung eines positiven Lernklimas wirkt.

Nijkerk (1965) umschreibt die Ziele der T-Gruppenmethode folgendermaßen:

1. Entwickeln einer erhöhten Sensibilität für das, was sich in sozialen Situationen bei sich selbst und bei andern abspielt.

2. Die Kräfte erkennen lernen, die in einer Gruppensituation wirksam sind; lernen, die Wechselbeziehung zwischen der Gruppe und den einzelnen Teilnehmern zu erfassen.

3. Lernen, die gewonnenen Einsichten im Alltagsleben anzuwenden.

Auch in den Niederlanden wurde diese Methode eingeführt. Das Nederlands Instituut voor Preventieve Geneeskunde in Leiden spielt dabei eine zentrale Rolle; seit 1963 werden auch Programme für die Ausbildung von Trainern durchgeführt.

Im Laufe der Jahre bildeten sich verschiedene Varianten der T-Gruppenmethode heraus; die wichtigsten sind:

1. Das „Sensitivity-Training".

Die Gruppe ist heterogen zusammengestellt; die Teilnehmer stammen nicht aus der gleichen Organisation oder dem gleichen Beruf. Die Ziele können umschrieben werden als „strengthening of the individual in his desires to experience people and events more fully, to know himself more intimately and accurately, to find a more significant meaning to his life,

and to initiate or sustain a process of individual growth toward everin-
creasing personal adequacy." * (Bradford e. a., 1964)
2. Das „organization laboratory" (oder: „family training group").
Hier kennen sich die Teilnehmer als Mitglieder einer Organisation. Dabei
kann das Weiterwirken hierarchischer Strukturen ein Nachteil sein. Ein
wichtiger Vorteil ist, daß die Übertragung der gelernten Resultate in die
Arbeitssituation bedeutend leichter fällt.
3. Die „instrumented T-group".
Das methodische Konzept ist hier völlig anders. Der Trainer beschränkt
sich darauf, *technische* Hilfe zu geben, wie z. B. das Anbieten von
Meßinstrumenten (Fragebogen, Tonbändern, Skalen etc.). Diese Instrumente können für einen gezielten „feedback" dessen, was in der Gruppe
geschieht, benützt werden. Bei den eigentlichen Sitzungen der Gruppe ist
der Trainer jedoch nicht anwesend.
Es läßt sich somit eine zunehmende Nuancierung der Methode und eine
weitergehende Integration von Erfahrungskenntnissen sowie von Resultaten
empirischer Untersuchungen feststellen. Diese letzte Tendenz unterstreicht
den modernen sozial-technologischen Charakter der T-Gruppenmethode
noch.

*Foulkes und Anthony (1965) füllen den Begriff der T-Gruppe völlig
anders. Sie verstehen darunter eine Gruppe, die speziell für eine psycho-
therapeutische Behandlung zusammengestellt wurde („transference group").
Dies im Unterschied zu einer „root group"; dies ist eine Lebensgruppe –
z. B. eine Familie –, die selten als Therapiegruppe aufgenommen wird. In
der psychiatrischen T-Gruppe sind Übertragung und Projektion die wichtigen Prozesse, die zu einem Wiedererleben der ursprünglichen Konflikte in
der Gruppe führen. Die Gruppentherapie ist eine Methode, die sich gegenüber der T-Gruppenmethode, wie sich diese aus den National Training
Laboratories heraus entwickelt hat, deutlich abgrenzen läßt.
Einer der klarsten Unterschiede liegt in der Art der Anfangs- und Endsituation der agogischen Aktion.*

* Stärkung des Individuums und seines Strebens, Personen und Ereignisse umfassender zu erleben, sich selbst tiefer und genauer kennenzulernen, einen bedeutungsvol-
leren Sinn im eigenen Leben zu sehen und einen Prozeß persönlicher Entwicklung
auf eine fortdauernde Realisierung angemessenen Menschseins in Gang zu setzen
oder zu begleiten.

Die charakteristische Anfangssituation einer Trainingsgruppe bildet der normale Mensch, dessen Funktionsfähigkeit zwar unter dem Optimum liegt, aber doch nicht als gestört betrachtet werden kann. Endziel ist hier, das soziale Verhalten stärker dem Optimum anzunähern.

Dagegen geht es bei der Ausgangssituation der Gruppentherapie um eine gestörte Funktionsfähigkeit, wobei die Ich-Kontrolle ernsthaft beeinträchtigt ist oder gar wegfällt.

Die Gruppentherapie und die Methode der T-Gruppe kommen sich da am nächsten, wo die T-Gruppe unter dem Gesichtspunkt der psychischen Gesundheit präventive *Bedeutung hat.*

Beim Vergleich mit der individuellen Psychotherapie zeigt sich bei der therapeutischen Gruppe nebst Gemeinsamkeiten (Übertragung, Interpretation, freie Assoziation) eine Anzahl exklusiver Merkmale:

1. Die sozialisierenden Einflüsse;

2. die Möglichkeit der Auswertung von Gruppenphänomenen;

3. die aktivierende Bedeutung der Gruppe;

4. die Möglichkeit einer gemeinsamen Katharsis;

5. die Möglichkeit des Vergleichs mit anderen Gruppenmitgliedern (mit „den besseren" und „den weniger guten");

6. es treten manchmal weniger Widerstände auf;

7. das Gruppengespräch gibt Möglichkeiten zur Intellektualisierung;

8. die Gruppe kann persönliche Grundbedürfnisse befriedigen (Zuwendung, Sicherheit).

Agogische Behandlungsorganisationen vermitteln oft die eine oder andere Form von Gruppentherapie.

In den letzten Jahren fällt der starke Akzent auf der empirischen Erforschung der Gruppentherapie als Methode (Powdermaker und Frank, 1953; F. K. Taylor, 1961; Stock; Whitaker und Liebermann, 1965) auf.

Von Sozialer Einzelhilfe (Casework)[1] wird erstmals in den Berichten der American National Conference of Social Work im Jahre 1897 gesprochen, wo eine Bemerkung von Edward T. Devine festgehalten ist: „Good casework involves much thankless labor." *

---

[1] In dieser Zusammenfassung stützen wir uns auf die Publikationen von Bruno (1948), Hollis (1964) und Perlman.

* Gute Einzelhilfe schließt viel undankbare Arbeit ein.

1917 schrieb Mary Richmond ihr klassisches Werk „Social Casework". Sie definierte den Begriff jedoch nicht präzis.
In der ersten Zeit des Casework lag der Akzent ganz auf der Diagnose, die die Richtung für das weitere Vorgehen angab. Dabei hatte die Psychoanalyse einen besonders großen Einfluß.
Die Methode bildete sich aus der praktischen Arbeit in den Institutionen der verschiedenen Arbeitsbereiche heraus; es entstanden die medizinisch orientierte Sozialarbeit, die psychiatrische Sozialarbeit, die Jugendfürsorge usw.
Durch die Kontakte zwischen den Institutionen ergab sich ein Erfahrungsaustausch, und man realisierte, daß die verschiedenen Arbeitsweisen gemeinsame Elemente aufwiesen.
Anfänglich waren Fallberichte, die auf die Lernziele hin ausgewählt wurden, fast die einzig verfügbare Methode, um Einzelhilfe zu unterrichten.
Perlman (1965) umschreibt die Ziele der Einzelhilfe, wie sie sich im Laufe der Jahre herauskristallisierten, folgendermaßen: „... to help (him) achieve (his) previous level of functioning and/or to promote the most effective functioning of which he is capable at this time." * (S. 4)
Auch Hollis (1964) spricht von einer verbesserten sozialen Funktionsfähigkeit, wobei sie aber sieht, daß auch die Psychotherapie dieses Ziel hat; der Unterschied liegt ihrer Ansicht nach in der Arbeitsweise: Der Sozialarbeiter befaßt sich nicht primär mit dem Unbewußten, sondern mit der Beziehung zwischen der Person und der Situation, wobei Ich und Überich gestärkt werden.
Auch Perlman betont die Arbeit mit den Ichkräften: „The casework process sustains, supplements and fortifies the functions of the client's ego." ** (S. 86)
Hollis unterscheidet innerhalb der Sozialen Einzelhilfe zwei Arten des Vorgehens:
a) Das Reduzieren des Druckes, den die Umwelt ausübt (z. B. durch finanzielle Hilfe)
b) die Behandlung intra-psychischer Faktoren.

---

* ... ihm zu helfen, seine frühere Ebene des Funktionierens wieder zu erlangen und/ oder das effektivste Maß der Funktionsfähigkeit, zu dem er im Augenblick fähig ist, herbeizuführen.
**Der Prozeß der Einzelhilfe stützt, ergänzt und stärkt die Ich-Funktionen des Klienten.

In der Phase der eigentlichen Behandlung (nach der Phase der Diagnose) werden nach Hollis vor allem sechs Grundtechniken angewandt: Stützung, direkte Beeinflussung (Rat, Vorschlag etc.); Ermutigung zu freier Gefühlsäußerung (was zu Katharsis führt); Ermutigung zu Reflexion über die Beziehung zwischen Klient und Situation; Ermutigung zu Reflexion über die Beziehung zwischen verschiedenen intra-psychischen Faktoren (Reaktionsmuster) und die Ermutigung zur Reflexion über die Entstehungsweise dieses Reaktionsmusters. Hollis betrachtet jede Behandlung in der Sozialen Einzelhilfe als eine sich laufend verändernde Konstellation einiger dieser Techniken – eine Konstellation, die von verschiedenen Faktoren abhängig ist, unter anderem auch von der Persönlichkeit des Klienten.

Bruno (1948) glaubt, daß die moderne Einzelhilfe eine deutliche Entwicklung hinsichtlich Theorie und begrifflicher Systematik aufweist, daß sie stärker wissenschaftlich orientiert ist, klinisch überprüft werden kann und in bezug auf ihre Nomenklatur beträchtlich einheitlich ist. Hollis betont, daß vor allem den Sozialwissenschaften eine immer größere Bedeutung in der Einzelhilfe zukommt und sich eine einseitige psychiatrische Ausrichtung nicht mehr länger rechtfertigen läßt.

Diese weitergefaßte verhaltenswissenschaftliche Orientierung ist von Bedeutung, um eine Überbetonung des *psychischen* Aspektes zu verhindern und dem *sozialen* Aspekt – z. B. der institutionellen Struktur des Dienstleistungssystems und der Lebenssituation des Klienten – größere Beachtung zu schenken (Bruno, 1948).

In den letzten Jahren ist die „family-centered"-Einzelhilfe stark in den Vordergrund getreten. Dies hat sowohl für die Diagnostik, in der nun familiendynamische Gesetzmäßigkeiten bedeutungsvoll werden, wie für die Behandlung, in der nun die Familie Vermittler der Hilfeleistung für den einzelnen Menschen ist, beträchtliche Konsequenzen.

Die *Soziale Gruppenarbeit*[1] bestand, ähnlich wie die Soziale Einzelhilfe, bereits bevor es zu theoretischen Formulierungen kam. Erst 1935 wurden die ersten Unterlagen geschrieben, und zwar von W. I. Newstetter für die American National Conference of Social Work unter dem Titel „What is

---

[1] Für diese Übersicht verwenden wir die Publikationen von Bruno (1948) und Konopka (1964).

social groupwork?" An derselben Konferenz wurde eine recht allgemein
gefaßte Umschreibung der Sozialen Gruppenarbeit, die Grace Coyle erstellt
hatte, zitiert; sie charakterisierte die Soziale Gruppenarbeit als „... an
educational process aiming at the development and social adjustment of
individuals through voluntary group association" * (Bruno, 1948).
Die amerikanische Gruppenarbeit entstand vorwiegend im sozialkulturellen
Sektor der agogischen Praxis (Clubhaus- und Nachbarschaftshäuserarbeit)
und entwickelte sich zu einer Basismethode der Sozialarbeit (diese schloß in
den Vereinigten Staaten den sozialkulturellen Sektor ein). In ihrer ursprünglichen Form war die Soziale Gruppenarbeit jedoch eher eine Bewegung, eine
Art des demokratischen Handelns, als eine Arbeitsmethode (Konopka,
1964).
Das Verhältnis zur Einzelhilfe blieb lange ungeklärt; die Gruppenberater
betrachteten sich selbst als eigene Berufsgruppe, während die traditionelle
Sozialarbeit die Arbeit mit Gruppen noch nicht als Teil ihrer Funktion
anerkannte.
Erst 1955 wurde die Gruppenarbeit als eigentliche Methode der Sozialarbeit
anerkannt; damals schloß sich die „American Association for the Study of
Groupwork" der kürzlich gegründeten „National Association of Social
Workers" an; allerdings kann der Interaktionsprozeß damit noch nicht als
abgeschlossen betrachtet werden (Konopka, 1964).
1949 verfaßte die American Association of Groupworkers eine Umschreibung der Sozialen Gruppenarbeit, die davon ausgeht, daß der Gruppenberater verschiedene Arten von Gruppen befähigt, so zu funktionieren, daß
sowohl die Wechselbeziehungen innerhalb der Gruppe wie die Gruppen-
aktivitäten zur Entwicklung der beteiligten Individuen und zur Erreichung
des gesetzten gesellschaftlichen Zieles beitragen.
Nach dem Zweiten Weltkrieg wurde die Gruppenarbeit durch die Gruppendynamik stark beeinflußt; noch heute besteht eine gewisse Spannung zwischen der Methode der Sozialen Gruppenarbeit und der Gruppendynamik.
Drillich (Einleitung zu Konopka, 1964) bezweifelt allerdings, ob sich die
Werte der Sozialen Gruppenarbeit von denjenigen der (angewandten)
Gruppendynamik so sehr unterscheiden.

---

* ... einen erzieherischen Prozeß, in dem mittels Mitgliedschaft in Gruppen das
  Ziel der Entwicklung und sozialen Eingliederung von Individuen angestrebt wird.

Obwohl Drillich in der Sozialen Gruppenarbeit eine Basismethodik für die Arbeit mit Kleingruppen sieht, geht die Tendenz doch dahin, diese Methode als Methode der Sozialarbeit aufzufassen. Konopka z. B. umschreibt die Soziale Gruppenarbeit als eine Methodik der Sozialarbeit, die auf das Verbessern der gesellschaftlichen Funktionsfähigkeit durch das Mittel der Gruppenerfahrung und auf eine erhöhte Fähigkeit, persönliche Schwierigkeiten oder Probleme in der Gruppe oder in der Gesellschaft zu verarbeiten, gerichtet ist. Dabei wird der Begriff der Sozialarbeit allerdings so weit gefaßt, daß er nebst der Hilfe in psychosozialen Notlagen auch sozial begleitende und sozial bildende Zielsetzungen einschließt.

1956 wurde in der Kinderpsychiatrischen Klinik der Rijksuniversiteit Groningen mit dem Entwickeln einer neuen Behandlungsmethode für Kinder mit schweren Verhaltensstörungen begonnen; sie erhielt die Bezeichnung „therapeutische Familienpflege[1]".
Hier geht es um eine multidisziplinäre Methode, die eine sehr gezielte Plazierung in einer Pflegefamilie umfaßt, wobei eine *intensive Anleitung* der Pflegeeltern durch einen psychiatrisch orientierten Sozialarbeiter mit einer *psychotherapeutischen Behandlung* des Kindes kombiniert wird.
Einigermaßen systematisch wird diese Methode – wenigstens soweit uns bekannt ist – nur in den Niederlanden (Groningen und Amsterdam) angewandt. Zwar gibt es in den Vereinigten Staaten die kleinen „group homes" (berufliche Pflegefamilien), doch weist nur ein von Kaplan und Turitz beschriebenes Experiment einige Ähnlichkeit auf (Kaplan und Turitz, 1957).
Das Arbeitsteam in der Methode der therapeutischen Familienpflege stellt eine komplizierte Konstellation von auf das Kind gerichteten Rollen (therapeutischen und orthopädagogischen), auf das Team gerichteten Rollen (z. B. die anordnende und koordinierende Rolle des leitenden Personals) und auf Förderung des Wissens und Könnens gerichteten Rollen (z. B. Anleitung von mitarbeitenden Pflegefamilien) dar.
Neben dem leitenden Personal sind der Psychotherapeut, der Sozialarbeiter und die Pflegeeltern die wichtigsten Mitarbeiter.

---

[1] Diese Zusammenfassung stützt sich auf Hart de Ruyter, Boeke und Van Beugen: Het moeilijk kind in het pleggezin, 1968.

Aus einer Untersuchung[1] über die Methode der therapeutischen Familienpflege geht hervor, daß vor allem drei Formen der Psychotherapie gebraucht
werden:
- *stützendes* Vorgehen, das auf einer positiven, affektiven Beziehung
  zwischen dem Kind und dem Therapeuten beruht;
- *begleitendes* Vorgehen; dieses hat einen vorwiegend rationalen, begreifend-
  helfenden Charakter;
- *begütigendes* Vorgehen, das dem Kind Beweise der Liebe und Zuneigung
  gibt, um seine Gefühle des Vertrauens und der Sicherheit zu entwickeln, zu
  erhalten oder zu verstärken.

Auch bei der Anleitung der Pflegeeltern ist eine Reihe von Techniken, die
eingesetzt werden, zu erwähnen. Folgende Arten des Vorgehens zeichneten
sich am deutlichsten ab:
- Ein als „directional change" bezeichnetes Vorgehen, das in erster Linie auf
  die Erreichung notwendiger Veränderungen in der aktuellen Situation in
  bezug auf das Verhalten und/oder die Haltung der Pflegemutter[2] gerichtet ist. Dabei ließen sich zwei Formen unterscheiden: eine *konsul-
  tierende* Form, bei der Instruktion, Rat und Information eingesetzt
  werden, um die Haltung der Pflegemutter auf ein realistischeres Bild des
  (gestörten) Verhaltensmusters des Kindes und auf eine optimale Toleranz
  hin zu beeinflussen. Die zweite Form war die *direkte präventive Intervention;* eine direktivere Form für Krisensituationen, in denen Grund-
  satzentscheide nötig sind.
- Ein Vorgehen, das als „clarification" bezeichnet wird und auf die
  Klärung der Problemsituation um das Kind abzielt.
- Ein drittes Vorgehen, „maintenance", das von einer stützenden Arbeitsweise ausgeht und auf das Aufrechterhalten resp. Verstärken der emotionalen Basis des Erziehungsprozesses in der Pflegefamilie gerichtet ist.

Die effektive Rollenverteilung im Arbeitsteam bietet die Möglichkeit, im
Verhältnis zu den Konstanten der Methode verschiedene Varianten zu
wählen: Bieten einer affektiven Sicherheit *und* Eingliederung in eine tole-

---

[1] Diese Untersuchung wurde durch die Commissie voor Wetenschappelijk Onderzoek
  in de Kinderbescherming angeregt. Die Publikation von Hart de Ruyter e. a.
  (1968) basiert auf dieser Untersuchung.
[2] Die Rolle des Pflegevaters ist weniger deutlich faßbar.

rante Umgebung mit angepaßten pädagogischen Forderungen. Bei einer allzu nachsichtigen Pflegefamilie – neben der Toleranz des Therapeuten – wird in der Begleitung durch den Sozialarbeiter die pädagogische Problematik zentrales Thema sein. Ist die Pflegefamilie jedoch disziplinierter und der Therapeut eher direktiv, so wird in der ganzen Begleitung durch das Team der Aspekt des Verstärkens der affektiven Sicherheit zentral stehen.

Dadurch, daß die Methode der therapeutischen Familienpflege als Feldexperiment entwickelt wurde, wurde der Prozeß der expliziten Formulierung der Methode beschleunigt; andererseits wurde aber durch das Verwerfen von Untersuchungsresultaten der Inhalt der Methode wiederum beeinflußt.

Fünfte Phase: Generalisierung und Stabilisierung

Hinsichtlich der Wirkung der agogischen Aktion muß ein Unterschied gemacht werden zwischen der *direkten* Wirkung, die durch auswertende Messungen unmittelbar nach Beendigung der Aktion festgestellt werden kann, und *Wirkungen auf Dauer,* die auch nach längerer Zeit in der Lebenssituation des Klientsystems nachweisbar sein sollten. Um diesen zweiten Effekt zu erreichen, muß eine Stabilisierung der direkten Wirkung erfolgen.

Dabei kann zwischen stabilisierenden Faktoren unterschieden werden, die
– „intern" beim Klientsystem
– in der Beziehung zwischen Dienstleistungssystem und Klientsystem
– in der Lebenssituation des Klientsystems
auftreten.

Der wichtigste „interne" stabilisierende Faktor ist in der Regel die „*Erweiterung*" der Wirkung (Generalisierung). Wenn die Beeinflussung z. B. auf kognitive Veränderungen (Aufklärungssituationen) gerichtet ist, kann diese Erweiterung in einer emotionalen Verarbeitung des kognitiven Materials bestehen. Kognitive Veränderungen haben nicht ohne weiteres emotionale Re-Strukturierung (Lewin, 1962) – das heißt, Veränderungen im wertbestimmenden Verhalten – zur Folge. Manchmal ergibt sich auch die Forderung nach einer Erweiterung der erreichten Wirkung von der Ebene der

Haltungen auf die Ebene des sichtbaren Verhaltens („behavior") oder Problem werden kann (als hemmende Kraft), der jetzt aber stabilisierend umgekehrt.

In gewissen Situationen ist dies ein Problem, das von seiten des Dienstleistungssystems besondere Aufmerksamkeit erfordert, da eine veränderte Haltung in der Alltagssituation leicht übersehen werden kann und dann auch durch die soziale Umgebung weniger geschützt wird. Das Verhalten muß also die Veränderung augenfällig machen. Das Resultat einer Konferenz über politische Bildung kann z. B. in erster Linie in einer veränderten Haltung gegenüber politischen Fragen bestehen; die Erweiterung der Wirkung kann sich darin äußern, daß man aktives Parteimitglied wird.

Einen ganz anderen „internen" stabilisierenden Faktor bildet der Widerstand gegen Veränderung, der nach jeder Veränderung – besonders, wenn Verbesserungen erreicht wurden – auftritt. Es handelt sich dabei um einen Trägheitsfaktor, der beim Aufbauen einer agogischen Beziehung zu einem wirkt.

Man könnte erwarten, daß das Erleben der Wirkung an sich zum kräftigsten Stabilisierungsfaktor werden könnte. Dies ist jedoch lange nicht immer der Fall. Das Klientsystem befand sich oft auch vor der agogischen Aktion in einem Gleichgewicht, auch wenn es meist kein optimales Gleichgewicht war. Der Veränderungsprozeß stört nun dieses Gleichgewicht, und das neue Gleichgewicht erscheint noch äußerst labil, die neuen Verhaltensmuster sind noch nicht genügend eingeschliffen, so daß die konservierende Wirkung der Gewöhnung und der Routine noch fehlt.

Innerhalb der Beziehung zwischen Dienstleistungssystem und Klientsystem bildet die erhöhte Unabhängigkeit des Klientsystems das deutlichste Kennzeichen einer günstigen Endbeziehung und einer Stabilisierung.

Auch Lob und Stützung durch das Dienstleistungssystem können, vor allem wenn die „social rewards" der Umwelt wegfallen, stabilisierend wirken, falls dadurch die wachsende Unabhängigkeit nicht eingeschränkt wird, was eine Gefahr jeder zu einseitigen Auswertung ist.

Im Lebensmilieu des Klientsystems ist das Billigen neuer Verhaltensmuster durch die Umwelt der wohl wirksamste stabilisierende Faktor. Dieser Effekt kann durch einen allmählichen Übergang vom agogischen Milieu in das Lebensmilieu noch verstärkt werden.

Allerdings müssen auch die destabilisierenden *Faktoren berücksichtigt wer-*

den. Destabilisierung tritt z. B. bei Regressionserscheinungen *im Anschluß an die Beendigung der agogischen Aktion auf. Von seiner „kulturellen Insel" (Konferenz, Therapiesitzungen etc.) kehrt das Klientsystem in eine Umwelt zurück, die sich nicht verändert hat.*
Oft sind sogar deutlich negative Reaktionen der Umwelt sichtbar. Empirisch konnte festgestellt werden, daß eine Psychotherapie bei Kindern mit Verhaltensstörungen, die in einer Pflegefamilie aufwachsen, manchmal von den Pflegeeltern nur schwer akzeptiert wird (Hart de Ruyter e. a., 1968).
Es können aber auch negative Reaktionen bei Teilen des Klientsystems selbst, die nicht direkt an der Veränderung beteiligt waren, auftreten. So kann z. B. in der Gemeinwesenarbeit in einer Arbeitsgruppe kein Klima der Zusammenarbeit entstehen, ohne daß dies in der größeren Gemeinschaft, auf die das Projekt bezogen ist, nachgewiesen werden könnte. Eine derartige Isolierung wirkt sich destabilisierend aus.
Eine unbefriedigende Einführung der agogischen Aktion und eine ungenügende Beteiligung an der Diagnosestellung und Zielsetzung können die Unsicherheit des Klientsystems vergrößern und ebenfalls destabilisierend wirken.

Die genannten stabilisierenden und destabilisierenden Faktoren spielen alle eine spontane Rolle, das heißt, sie machen nicht Teile der absichtlichen Beeinflussung aus.

Wir können aber auch durch *agogische Interventionen* Kräfte wecken, die stabilisierend wirken oder die Wirkung von destabilisierenden Faktoren beheben oder abschwächen.

So wird z. B. in der Methode der therapeutischen Familienpflege das Problem der Gefährlichkeit eines erprobten Überganges von der agogischen Situation in die normale Lebenssituation bewußt dadurch angegangen, daß der Übergang von der Behandlungsklinik – in der meist eine Grundbehandlung stattfindet – in die Pflegefamilie langsam abgestuft erfolgt. Entsprechende Mittel sind hier: Kurze Besuche der Pflegeeltern, kurze Besuche bei den Pflegeeltern (in der Familie), Wochenendaufenthalte und zum Schluß längere Aufenthalte (Hart de Ruyter, 1968).

In der Praxistheorie wird die Notwendigkeit spezieller stabilisierender Wirkungen noch nicht durchwegs erkannt. In verschiedenen Therapiesystemen und Arbeitsmethoden der Sozialarbeit wird davon ausgegangen, daß die Stabilisierung von selbst stattfindet, falls der Veränderungsprozeß günstig verlaufen ist, oder daß sie höchstens dadurch gefördert werden kann, daß man die „rewards" der normalen Lebenssituation betont.

Bradford (1964, Seite 18) ist allerdings der Ansicht, daß die Übertragung in die Alltagssituation – und damit die Stabilisierung – schwieriger als der eigentliche Lernprozeß ist; er sieht die Lösung der Probleme, die mit der Stabilisierung zusammenhängen, als Teil der Verantwortung des Agogen. Ohne eine Untermauerung im Blick auf die Lebenssituation und ohne das Ankurbeln eines kontinuierlichen Lernprozesses bleibt die agogische Aktion unvollständig.

Die verhaltensfestigenden Techniken können folgendermaßen zu einer Stabilisierung beitragen:

1. Schaffung neuer stabilisierender Faktoren. Eine Institution der Sozialarbeit kann nebst der kurativen Aufgabe auch die nachgehende Betreuung übernehmen.

2. Verstärkung natürlicher stabilisierender Faktoren. Man kann das Klientsystem z. B. dadurch, daß man sorgfältig Aktivitäten plant, die es durchführen und über die es anschließend berichten soll, die Wirkung der agogischen Aktion erleben lassen; dabei bildet die gemeinsame Auswertung einen wichtigen Bestandteil.

3. Abschwächen destabilisierender Faktoren. Eine „follow-up"-Zusammenkunft nach einer Trainingskonferenz kann Regressionserscheinungen vermindern.

Ein besonderes Problem im Prozeß der Stabilisierung ist die Gefahr der Über-Stabilisierung (Erstarrung). Als Beispiel sei hier die Gefahr in der Bildungsarbeit erwähnt, daß alte, unbrauchbare Überzeugungen in einem gezielten Prozeß relativiert, dann aber durch neue Überzeugungen ersetzt werden, die genauso starr und dogmatisch sind wie die alten, und denen die Flexibilität zur Anpassung an spätere neue Gegebenheiten völlig abgeht.

Jede durch agogische Aktion erreichte Veränderung muß einen permanenten Faktor aufweisen: Das Erarbeiten von Mitteln, um zukünftige Problemsituationen bewältigen zu können. In der T-Gruppentheorie z. B. wird das „Lernen zu lernen" als Ziel des Trainings in der Gruppe betont. Und Rogers bemerkt im Blick auf die individuelle Psychotherapie, daß dem Entstehen eines integrierten Prozesses kontinuierlicher Veränderung des Patienten die größte Aufmerksamkeit geschenkt werden muß. Miles (1964) versteht unter „ability improvement" das Entwickeln von Haltungen und Fähigkeiten, die das Klientsystem instandsetzen, Mängel, Störungen und Lösungen selbst zu erkennen. Er sieht dies als sehr wichtigen Bestandteil der Hilfe für eine Organisation.

Ein wirksames Mittel zur Verhinderung von Überstabilisierung ist die Integration eines permanenten „change agent" in die betreffende Gruppe, Organisation oder das betreffende Gemeinwesen.

Sechste Phase: Auswertung

Wir haben bereits früher festgestellt, daß die Auswertung auch während der agogischen Aktion fortwährend stattfindet; Auswertung ist das kontrollierende Moment in der Aktion.

Entsprechend der Phase der agogischen Aktion, in der ausgewertet wird, können wir folgende Unterscheidung machen:

1. Eine Auswertung der *Bedingungen* für eine wirksame agogische Aktion. Dies ist bereits zu Beginn einer Aktion von Bedeutung. Ist das Bedürfnis nach Veränderung stark genug? Habe ich ein genügend differenziertes Bild der Ausgangssituation?

2. Eine Auswertung der Strategie, die eingesetzt wird. Wird die Strategie optimal gebraucht?

3. Eine abschließende Auswertung, bei der überprüft wird, in welchem Ausmaß die Ziele erreicht wurden. Diese Art der Auswertung ist erst in der letzten Phase der agogischen Aktion von Bedeutung.

Hinsichtlich der beiden letzten Aspekte – Auswertung der Strategie und abschließende Auswertung – gibt es vier Möglichkeiten:

a) *Die Strategie ist optimal eingesetzt und die Ziele sind erreicht.*

Oft werden die Strategie und die Erreichung der Ziele nicht getrennt ausgewertet; aus der Tatsache, daß die Ziele erreicht wurden, leitet man dann ab, daß die Strategie optimal eingesetzt war. Es ist jedoch von großer Wichtigkeit, daß z. B. bei einer orthopädagogischen Intervention (Heimplazierung) die Intervention als solche ausgewertet wird, damit das Resultat deutlich von den Auswirkungen spontaner Reifungsprozesse, die das Kind durchlaufen hat, unterschieden werden kann. Eine gesonderte Auswertung der Strategie ist jedoch nur möglich, wenn die Ziele gezielt operationalisiert werden, das heißt wenn die Ziele umschrieben werden als Folge einer Reihe von Prozessen und Ereignissen, die durch Interventionen hervorgerufen werden können.

b) *Die Strategie ist optimal eingesetzt, doch sind die Ziele nicht erreicht.*
Trotz der erwähnten Schwierigkeit einer gesonderten Auswertung der Strategie können wir – ausgehend vom Urteil von Experten – wohl sagen, daß vor allem in den Gebieten der Sozialarbeit und der seelischen Gesundheitspflege humanitäre Überlegungen dazu führen können, daß manchmal alle erdenklichen Behandlungsmöglichkeiten ausgeschöpft werden, ohne daß sich deutliche Resultate zeigen.

Es ist von einiger Wichtigkeit, daß man sich solcher Diskrepanzen zwischen dem Wünschbaren und dem Möglichen bewußt bleibt.

c) *Die Strategie ist nicht optimal eingesetzt; trotzdem sind die Ziele erreicht.*
Wir wiesen bereits auf die Möglichkeit hin, daß im Klientsystem selbst innerhalb der Zeitspanne, in der sich die agogische Aktion vollzieht, spontane Prozesse auftreten können. Es können sich aber auch aufgrund von Kräften, die in der Lebenssituation des Klientsystems wirksam sind, oder aufgrund von Prozessen innerhalb der Interaktion zwischen Dienstleistungssystem und Klientsystem, die nicht absichtlich eingeführt wurden (Nebeneffekte), spontane Wirkungen ergeben.

d) *Die Strategie ist nicht optimal eingesetzt; die Ziele werden nicht erreicht.*
In diesem Fall liegt eine Revidierung der Strategie auf der Hand. Wenn man nicht – was allerdings nicht selten geschieht – in eine Art „trial-and-error"-Methode verfallen will, bei der jeder neue Versuch wieder ein Schuß in die Luft ist, so ist eine sorgfältige Analyse der Gründe, die zum Mißlingen der zuerst gewählten Strategie führten, notwendig.

Insofern, als sich die Auswertung im Rahmen der Beziehung der Zusammenarbeit zwischen Dienstleistungssystem und Klientsystem vollzieht, kann sie selbst ein wichtiges Instrument für die Erreichung der gewünschten Veränderung sein. Die Beteiligung des Klientsystems an der Auswertung hat oft schon entscheidend verändernden Charakter, besonders da, wo – was für viele Situationen, in denen agogische Aktion eingesetzt wird, zutrifft – das Klientsystem ein verzerrtes Bild seiner sozialen Umgebung, der an es gestellten Erwartungen und der eigenen Möglichkeiten hat.

Eine Auswertung innerhalb der Beziehung der Zusammenarbeit – und nicht

als exklusiver Denkprozeß am Schreibtisch des Dienstleistungssystems –
kann so zur Wiederherstellung oder Verstärkung einer unabhängigen Funktionsfähigkeit des Klientsystems beitragen.

*Es muß deutlich zwischen Auswertung als agogischem Instrument und eva-
luativer Forschung unterschieden werden.*

*Bei der evaluativen Forschung kommt meist nur eine indirekte Reaktion zu
den entscheidenden Instanzen. Die unmittelbare Bedeutung dieser Untersuchungen ist in der möglichst objektiven Feststellung der Resultate agogischer Aktion gelegen. Diese Art der Forschung ist besonders wichtig, da die
Resultate nicht nur dem Aufbau einer Theorie der agogischen Aktion,
sondern auch der agogischen Praxis selbst dienen. Dadurch, daß die Praxistheorie auf die Ebene der agogischen Wissenschaft gebracht wird, trägt die
evaluative Forschung dazu bei, die agogische Praxis wissenschaftlich besser
zu fundieren.*

Teil II

Agogische Theorie

Kapitel 6
Die Bedeutung der Praxistheorie

Das, was oft als Fachtheorie oder Praxistheorie („practice theory") bezeichnet wird, bezieht sich immer auf einen begrenzten Bereich der agogischen Aktion. Dies kann jedoch ein recht weites Arbeitsfeld sein (wie z. B.
die Sozialarbeit), oder aber ein kleines Spezialgebiet (z. B. die Familienpflege als Teil der Jugendfürsorge).
Es geht in der Praxistheorie um einen Komplex von (Arbeits-)Prinzipien,
die das Handeln bestimmen (Van der Vegt, 1961).
Eine solche Theorie entwickelt sich aus der Praxis selbst; in ihr schlägt sich
das systematisierte Erfahrungswissen nieder.
Greenwood (1960) unterscheidet zwischen der wissenschaftlichen Theorie –
der beschreibenden und der erklärenden – einerseits und dem „body of
knowledge", der zu einem agogischen Arbeitsbereich gehört, andererseits.
Da der Praktiker auf das *Beherrschen* des Geschehens ausgerichtet ist, bedarf
er eines pragmatischen Angehens der Probleme. Dies kann ihm eine Praxistheorie bieten, die primär nicht deskriptiv, sondern *praeskriptiv* ist; sie stellt
Regeln für die Durchführung bestimmter Formen agogischer Aktion auf.
Greenwood erachtet es daher für gerechtfertigt, von einer Theorie, jedoch
nicht von einer wissenschaftlichen Theorie, zu sprechen.

*Greenwood bezeichnet die Sozialarbeit als „technology". Wir übernehmen
diese Terminologie nicht, sondern reservieren „Technologie" für die Wissenschaft, die sich mit dem instrumentalen Aspekt des Handelns befaßt.*
*In einer wissenschaftlichen Theorie werden die Gegebenheiten nach festen
methodischen Regeln gesammelt und verarbeitet, was bereits in der Definition einer Wissenschaft zum Ausdruck kommt: „An internally consistent
system of propositions which are descriptive generalizations about some
aspect of nature and which have been derived from observations conducted
and analyzed according to standardized procedures." * (S. 1)*

---

* Ein innerlich logisch geschlossenes System von Leitsätzen, die deskriptive, allgemeingültige Aussagen über einen Aspekt der Realität enthalten, und die aus
  Beobachtungen abgeleitet und mittels standardisierter Vorgehen erfaßt und analysiert werden.

Zetterberg (1962) betrachtet folgende Aspekte als Merkmal einer Theorie, entsprechend der Verwendung des Begriffes in der sozialen Praxis:

1. Das Betonen ethischer Ziele – dies führt zu einer *normativen* Theorie, die sich zwar auf empirische Beobachtungen stützt, jedoch kaum auf wissenschaftlicher Forschung aufbaut;
2. der häufige Gebrauch von Fallstudien, die eine Beschreibung einer vergangenen Problemsituation vermitteln. Diese Fallstudien weisen einen stark intuitiven Zug auf;
3. das Abstellen auf Faustregeln, die auf Erfahrungswissen beruhen;
4. der beschreibende Charakter. Die genaue Beschreibung der Probleme tritt stärker als die Analyse und Interpretation von Zusammenhängen in den Vordergrund.

Wir denken, daß diese Merkmale da zutreffen, wo es sich um eine „reine" Praxistheorie handelt, die mit durch wissenschaftliche Erkenntnisse beeinflußt ist – also um eine Praxistheorie auf einer tiefen Entwicklungsstufe.

Wenn wir als Beispiel einer Praxistheorie die Studie von J. Charnley (1955) zum Thema „The Art of Child Placement" nehmen, erkennen wir darin noch einige der Merkmale, die Zetterberg nannte.

Der Akzent auf dem ethischen Aspekt der Zielsetzung ist nicht besonders stark und höchstens in der Gewichtigkeit, aber nicht in der Häufigkeit, mit der er behandelt wird, zu erkennen. Dies ist z. B. da deutlich, wo Charnley sagt, daß wenn die Diagnose einen Klienten zum „hoffnungslosen Fall" stempelt, „... the fact remains that parents have a part in the lives of their children and it is the social worker's obligation to try to help them, whatever the prognosis« *.*

Der Gebrauch von Fallstudien ist nun allerdings ein deutliches Merkmal dessen, wie Charnley die Praxistheorie formuliert.

Er präsentiert neun zum Teil sehr ausführliche Fallstudien, die 92 von 252 Seiten umfassen. Auch die Faustregeln fehlen nicht: Bei Delinquenz muß der

---

* ... bleibt die Tatsache bestehen, daß Eltern Teil des Lebens ihrer Kinder ausmachen, und es ist die Pflicht des Sozialarbeiters, ihnen dabei zu helfen zu versuchen – wie die Prognose auch immer lauten mag.

Sozialarbeiter das Kind fühlen lassen, daß er begreift, daß dessen Verhalten irgendwie erklärbar ist (S. 85); bevor ein Sozialarbeiter mit einem Kind spricht, muß er dies mit den Pflegeeltern besprechen (S. 161); und in bezug auf den Lebensstandard des Milieus: „the first rule, and a sound rule it is, is against sharp changes for the child . . ." * (S. 188).
Auch der beschreibende Charakter der Praxistheorie läßt sich bei Charnley leicht erkennen. Dies zeigt sich z. B. bei der Beschreibung einiger Charakteristika von Pflegevätern. „The typical foster father is a warm, giving, likeable man who makes an important contribution to the lives of foster children, . . ." ** (S. 174 ff.).

Empirische und normative Theorie

Martindale (1957) unterscheidet zwischen *empirischer Theorie* und *normativer Theorie*.

Merkmal der empirischen Theorie ist das Streben nach möglichst weitgehender Generalisierung und einer möglichst tiefgreifenden Erklärung der gefundenen Zusammenhänge; die *Tatsachen* stehen hier zentral.

Bei der normativen Theorie geht es dagegen um eine „conceptualization of action desirabilities" ***. Die *Normen* für das Handeln stehen zentral. Tatsachen und Gesetzmäßigkeiten werden in die für die Erreichung bestimmter Ziele nötigen Mittel und Bedingungen umgesetzt.

Der Inhalt einer normativen Theorie wird durch die Wertvoraussetzungen, auf Grund deren die Ziele angestrebt werden, bestimmt, während in einer empirischen Theorie die Zielsetzungen nicht vorgeschrieben sind. Martindale kommt nun zum Schluß, daß normative Theorien nicht wissenschaftlich sind. Die Wissenschaft kann nach Martindale erforschen, *ob* Ziele realistisch sind, *wie* sie erreicht werden können und was die möglichen *Folgen* einer einzusetzenden Aktion sind.

Die Praxistheorien weisen nun weitgehend die Merkmale einer solchen normativen Theorie auf.

---

* Die erste – und unumstößliche – Regel lautet, daß plötzliche Veränderungen für das Kind zu vermeiden sind.
** Der typische Pflegevater ist ein herzlicher, großzügiger, freundlicher Mann, der einen wichtigen Beitrag an die Entwicklung des Pflegekindes leistet.
*** ein konzeptmäßiges Erfassen der Wünschbarkeit des Handelns.

Ebenen der Theoriebildung

Wir sind der Ansicht, daß eine Unterscheidung verschiedener Ebenen der Theoriebildung dazu beitragen kann, daß die tatsächlichen Verhältnisse zwischen wissenschaftlicher Theorie im allgemeinen, agogischer Wissenschaft und Praxistheorie so zutreffend wie möglich wiedergegeben werden können. Eine solche Unterscheidung finden wir bei Greenwood und ten Have. Ten Have (1962) wählt für die Theoriebildung zur agogischen Aktion folgende Stufen: die Ebene der *Agogik* und die Ebene der *agogischen Wissenschaft* (Agologie). Die Agogik ist somit jener Bereich, der zwischen der agogischen Praxis und der Wissenschaft der Agogie liegt. Sie umfaßt eine erste Besinnung über die Praxis; eine Formulierung gemachter Annahmen, richtungsweisender Ideale, angewandter Arbeitsweisen etc.

Diese „Agogik" ist mit dem, was wir Praxistheorie nennen, nicht ganz identisch. Sie ist im Unterschied zu Praxistheorie nicht aus der Arbeit selbst abgeleitet. Zudem wird in der Agogik vor allem der Wertaspekt betont, in der Praxistheorie dagegen das Erfahrungswissen. Was nun den Grad der Theoriebildung betrifft, so scheinen sie uns aber doch auf gleicher Ebene zu liegen.

Die Agologie dagegen ist eine *Wissenschaft,* die sowohl die Praxis wie die Agogik, respektive die Praxistheorie zum Gegenstand ihrer Forschung hat.

Auch Greenwood (1960) erkennt in der Theoriebildung verschiedene Ebenen, wenn er zwischen *reiner Forschung, angewandter Forschung* und *„systematized bodies of knowledge",* die einem Gebiet der Praxis angehören, unterscheidet.

Die angewandte Forschung ist theoriebezogen; das heißt, daß sie von einer oder mehreren, rein wissenschaftlichen Theorien Gebrauch macht.

Beim „body of knowledge" (= Praxistheorie) kann zwar auch von abstrahierter, generalisierter Theorie (siehe die Umschreibung, die wir weiter oben gaben, S. 89) gesprochen werden, doch hat sie anstelle der deskriptiven preskriptive Bedeutung; dabei fehlt ein streng methodologisches Vorgehen bei der Beobachtung und Interpretation von Tatsachen.

Zwar vernachlässigen wir jetzt vorläufig den Unterschied zwischen Praxistheorie und Agogik, glauben aber, daß bei den dargestellten Auffassungen die Differenzierung zwischen der *vorwissenschaftlichen* Ebene der Theorie-

bildung – mit stark normativen Zügen und empirischen Generalisierungen –
und einer *empirisch-wissenschaftlichen* Ebene[1] doch einiges verdeutlicht.
In der vorwissenschaftlichen Theorie kommt der Empirie eine andere Bedeu-
tung zu; sie wirkt klärend in bezug auf die gewählten Prinzipien und
Arbeitsweisen. Allerdings: „observations alone do not make science"[*]
(Greenwood, 1957).

Die Theoriebildung auf dieser vorwissenschaftlichen Ebene unterliegt deutlichen Beschränkungen: Es werden leicht voreilige Generalisierungen vorgenommen, der preskriptive Charakter kann zu Verzerrungen der Wirklichkeit führen, die Faustregeln können auch durch langjährige Verwendung
geheiligte Fehlschläge sein, die Fallstudien sind oft zu impressionistisch, und
es wird ungenügend zwischen den generalisierbaren Aspekten und dem
absolut Individuellen differenziert.

Trotz dieser Vorbehalte – die uns beträchtlich zu sein scheinen – denken
wir, daß die Praxistheorie doch weiterhin ihren Sinn hat und nie durch eine
ausschließlich wissenschaftliche Basis der agogischen Arbeit wird ersetzt
werden können.

Das direkte Aufnehmen von Praxiserfahrungen bleibt sowohl im Blick auf
die Förderung der Praxis wie auf Ansatzpunkte für wissenschaftliche Untersuchungen ein wesentliches Element. Nur die Praxistheorie kann sorgfältig
verschiedenste Veränderungen in Meinungen, Arbeitsweisen etc. im agogischen Feld registrieren, deren theoretische Implikationen die Praktiker
zwar nicht immer übersehen, die jedoch wichtige Anhaltspunkte für die
Notwendigkeit wissenschaftlicher Analyse geben.

Zudem kann das mühsame Vorgehen über Hypothesenbildung, Überprüfung
etc., das typisch für die wissenschaftliche Theoriebildung ist, mit der Praxis
nie Schritt halten.

---

[1] Es gibt auch eine Theoriebildung auf philosophischer Ebene, die auf deduktive
Art im Rahmen der Pädagogik oft ebenfalls zu Richtlinien für die Praxis führte.
[*] Beobachtung allein macht noch keine Wissenschaft aus.

Kapitel 7
Die Identität einer agogischen Wissenschaft

Man trifft noch öfters auf die Auffassung, daß agogische Theorie nichts anderes als *angewandte* Verhaltenswissenschaft sei. Genauso wenig, wie technische Wissenschaften als „angewandte Naturwissenschaften"[1] bezeichnet werden können, ist die agogische Wissenschaft „angewandte Psychologie", „angewandte Soziologie" etc.

Beim Gebrauch des Konzeptes „angewandte Wissenschaft" werden oft zwei Aspekte vermischt, die unserer Meinung nach deutlich getrennt werden müßten. Der erste Aspekt ist derjenige der *Beziehung zwischen zwei Wissenschaften* (Psychologie und agogische Theorie z. B.); der zweite Aspekt ist derjenige der *Beziehung zwischen der (wissenschaftlichen) Theorie und dem Feld der Praxis.* Im zweiten Fall ist jedoch die „angewandte Wissenschaft" keine Wissenschaft mehr, sondern eine praktische Aktivität, die auf wissenschaftlicher Kenntnis beruht; es handelt sich um eine Anwendung der Wissenschaft.

Begriffe wie „applied social science" (Zetterberg, 1962; Gouldner, 1965), „applied behavioral science" (Bennis, 1965) und „applied research" (Zetterberg, 1962; Greenwood, 1960) weisen allerdings deutlich auf eine wissenschaftliche *Theorie* hin – nicht auf die agogische Aktion selbst.

Die agogische Wissenschaft (Agologie) hat mit anderen Wissenschaften, vor allem mit den Verhaltenswissenschaften, den *empirischen* Charakter gemeinsam. In einer empirischen Wissenschaft werden Erfahrungsprozesse systematisch beschrieben, geordnet, registriert, erfaßt und erklärt; neue Erscheinungen werden vorausgesehen, um sie mit Hilfe dieser Prognose beeinflussen zu können (De Groot, 1961, S. 19). Der empirische Zyklus von Beobachtungsinduktion (Formulierung von Hypothesen) – Deduktion (Erarbeiten überprüfbarer Vorhersagen) – Überprüfung – Auswertung läßt sich auch in einer agogischen Wissenschaft erkennen.

Martindale's Konstruktion, die wir in Kapitel 6 beschrieben und bei der zwischen empirischer *und* normativer *Theorie unterschieden wird, scheint*

---

[1] S. Kapitel 8.

*uns für eine saubere Bestimmung des Ortes der agogischen Wissenschaft zu
grob. Die normative Komponente läßt sich auch in der agogischen Wissenschaft als wichtiges Element erkennen. Martindale's Unterscheidung geht zu
stark von einem Ziel–Mittel–Schema aus, wobei er die Mittel der empirischen,
die Ziele der normativen Seite zuweist. Myrdal (1958) betont seinerseits die
Unzulänglichkeit des Ziel–Mittel–Schemas, da dadurch zu stark suggeriert
wird, daß Werte und Ziele zusammengehören, während Mittel ausschließlich
im Blick auf die Effektivität relevant sind. Der Mensch setzt jedoch nicht nur
die Fernziele, sondern auch die Mittel in Beziehung zu Werten. Er kann
sogar Mittel in ihrem Wert sehr unterschiedlich einschätzen, obwohl sie
technisch (hinsichtlich Effektivität und Effizienz) gleich sind (P. Streeten in
seiner Einleitung zur Publikation von Myrdal).*

*Insofern, als es bei Beeinflussung immer um zwischenmenschliche Beziehun-
gen geht, die an sich Wertauffassungen unterworfen sind, ist es legitim und
notwendig, die Werte zum Gegenstand von Analysen der agogischen Wissenschaft zu machen.*

*Besonders komplex ist die Beziehung zwischen den Werten, wie sie in der
agogischen Aktion enthalten sind, und den konkreten Zielen der agogischen
Aktion. Die Ziele können viel leichter Veränderungen erfahren (vgl. dazu
S. 25 ff).*

*Bei der praktischen Problemstellung, von der die agogische Aktion ausgeht,
handelt es sich immer um ein Messen der Wirklichkeit an einer Norm
„besseren Funktionierens". Man kommt in den agogischen Wissenschaften
denn auch zu Aussagen, die normative Fragen betreffen, ohne daß dadurch
der empirische Charakter der Wissenschaft angetastet würde. Wesentlich ist
dabei allerdings, daß die Werte offen, explizit und konkret eingeführt
werden (Myrdal, 1958).*

*Hier ein Beispiel für eine solche Aussage: „Eine Behandlung durch Soziale
Einzelhilfe führt, wenn sie beim Klientsystem X eingesetzt wird, zu ad-
äquateren sozialen Beziehungen." Es ist in diesem Fall nötig, die Norm, die
in der Umschreibung „adäquate soziale Beziehungen" eingeschlossen ist, so
explizit wie möglich zu bezeichnen. Wenn nun bestimmte Arbeitsziele –
z. B. das Vermindern von extrem aggressivem Verhalten – dieser Norm
entsprechen, kann empirisch überprüft werden, ob die gemachte Aussage
objektiv-wissenschaftliche Gültigkeit hat.*

Da das wissenschaftliche Betrachten des agogischen Prozesses – gerade durch den normgebundenen Charakter von Feststellungen – zu ganz eigenen Konzepten führt, scheint es uns gerechtfertigt, von einer wissenschaftlichen Theoriebildung zu sprechen, die eine eigene Identität aufweist und in keiner Hinsicht als Anwendung anderer Wissenschaften verstanden werden kann.

Mit dieser Feststellung wollen wir nun allerdings die Bedeutung der Verhaltenswissenschaften für die agogische Praxis nicht relativieren. Sie liefern durch die Analyse psychosozialer Systeme, die entweder als Dienstleistungssystem oder als Klientsystem in der agogischen Aktion eine Rolle spielen, einen wichtigen, wenn auch indirekten Beitrag.

Spricht man dagegen von einer „Soziologie der Sozialarbeit" oder einer „Soziologie der Bildungsarbeit", so kann es dabei lediglich um eine im Blick auf die agogische Aktion unspezifische Erfassung gehen (Ten Have, 1966). Sozialarbeit und Bildungsarbeit werden dann als Teile der Gesellschaft aufgefaßt. Die Beziehung zwischen diesen Bereichen und der Gesamtgesellschaft ist Gegenstand der Untersuchung, und man stellt dabei zum Beispiel fest, daß innerhalb der Sozialarbeit Funktionsverschiebungen stattgefunden haben (Van Doorn, 1955).

Die sehr verschiedenen Bezugsrahmen, innerhalb derer solche unspezifischen Beiträge vorhanden sind, führen dazu, daß ihre Verwertbarkeit für die agogische Praxis ziemlich enttäuschend ist.

Dabei sind drei Faktoren zu erwähnen:

a) Mangel an Integration zwischen den verschiedenen Verhaltenswissenschaften. Grenzkonflikte zwischen verschiedenen Disziplinen verhindern das Entstehen einer integrierten Theorie über das Phänomen der Problemsituation, wie diese sich in der agogischen Aktion zeigt;

b) innerhalb der einzelnen Verhaltenswissenschaften fehlt das Aufeinander-Abstimmen der verschiedenen theoretischen Bezugsrahmen („Schulen"). Auch dies hindert den Praktiker daran, die verhaltenswissenschaftlichen Theorien sinnvoll einsetzen zu können;

c) eine Ausrichtung auf die Probleme der Praxis fehlt. Eine agogische Problemeinheit umfaßt in der Regel psychologische, soziologische, sozialethische und andere Komponenten. Das Vorgehen von einer Disziplin aus kann denn auch den Forderungen, die die Analyse einer agogischen Problemsituation mit sich bringt, niemals genügen. Van Leent (1964) zitiert in diesem Zusammenhang Mannheim, der sagt: „It is becoming

more and more obvious that this synthesis never can be achieved by pooling the results obtained by the special sciences, but only by learning to think without keeping one's thought in watertight compartments." *
(S. 159)

Zwar kann man in bezug auf die ersten beiden Punkte noch auf eine zukünftig bessere Kommunikation und Zusammenarbeit hoffen, doch scheint uns das Fehlen einer Synthese unter dem Gesichtspunkt der Problemeinheit ein grundlegender Mangel, der sich innerhalb der Verhaltenswissenschaften nicht aufheben läßt.

Wenn wir nun die Schlußfolgerung ziehen, daß ein umgrenzbarer Bereich der wissenschaftlichen agogischen Theoriebildung nötig ist, so wollen wir doch betonen, daß sich eine solche Theoriebildung in einer offenen Kommunikation mit den Verhaltenswissenschaften (und andererseits mit der Praxistheorie des Feldes der agogischen Aktion) vollziehen muß. An diese Kommunikation können hohe Erwartungen gestellt werden, falls möglich wird, was Glazer (1963) einmal den „Durchbruch der Wirklichkeit" nannte, der zum Gegenstück des „prevailing trend to methodological sophistication, small-scale empirism, abstract theorizing and professional exlusiveness" **
wird. Die agogische Wissenschaft will zu einer spezifischen Analyse der agogischen Aktion kommen, indem sie den agogischen Prozeß selbst als Erfahrungs- und Untersuchungsobjekt nimmt.

Doppelte Ausrichtung und doppelte Integration

Die Notwendigkeit einer selbständigen Theoriebildung wird auch anderenortes erkannt. Zetterberg (1962) vertritt die Ansicht, daß die Theoriebildung – was eine „applied social theory" betrifft – nicht der Zusammenarbeit zwischen den klassischen Disziplinen und den Praktikern überlassen werden kann. Auch Greenwood (1960) betont, wenn er von „applied research"

---

* Es wird immer deutlicher, daß diese Synthese nie dadurch erreicht werden kann, daß man Resultate der verschiedenen Wissenschaften aneinanderreiht, sondern nur dadurch, daß man lernt, auch in nicht seit jeher gebräuchlichen Kategorien zu denken.

**. . . herrschenden Trend zur methologischen Sophistikation, zur Schmalspur-Empirie, zum abstrakten Theoretisieren und zur beruflichen Exklusivität . . .

spricht, die Notwendigkeit einer eigenen Theorie, die sich zwar nicht in den Forschungsmethoden, wohl aber in bezug auf die (doppelte) Zielsetzung unterscheidet. Diese Zielsetzung umfaßt sowohl das utilistische Ziel (Liefern von für die Praxis verwertbaren Forschungsresultaten, Konzepten etc.), wie das Ziel der Theoriebildung.

Diese doppelte Ausrichtung scheint uns tatsächlich für eine agogische Wissenschaft kennzeichnend zu sein. Einerseits wird eine zusammenhängende Theorie der Verhaltensänderung, wie sie in der agogischen Aktion stattfindet, aufgebaut; andererseits werden Ergebnisse wissenschaftlicher Untersuchungen in agogische und sozial-technologische Prinzipien umgewandelt.

Der Versuch, die Mängel einer ausschließlich verhaltenswissenschaftlichen Analyse agogischer Erscheinungen zu beheben, verdeutlicht die Forderung nach einer *doppelten Integration* der agogischen Wissenschaft. Dadurch, daß das Kennobjekt mit dem Erfahrungsobjekt (der Problemeinheit) identisch ist, wird Integration von Kenntnissen verschiedener Disziplinen notwendig. Coltof (1965), der auf diesen Aspekt im Blick auf die Frage nach dem Ort einer Organisationstheorie hinweist, erwähnt in diesem Zusammenhang Mannheims „principle of interdependent thinking"; damit bezeichnet er eine Methode, deren Schwerpunkt ist: „bringing together everything which is required to explain a concrete situation, whether the themes selected fall within one or several fields of the already existing sciences. The division of labour will be determined by problem-units, which will be concrete analysis of situation and structure" *

Eine Integration, die durch eine Problemeinheit bestimmt wird, schließt folgendes ein:

1. Eine Integration von wissenschaftlichen Erkenntnissen aus verschiedenen Disziplinen. Wenn diese von der agogisch-wissenschaftlichen Problemstellung her gesehen als Hilfswissenschaften auftreten und als solche auf einer einheitlichen Ebene stehen, kann von einer „horizontalen Integration" gesprochen werden;

2. diese Komponenten des Wissens müssen der Problemsituation entsprechen.

---

* alles das zusammenzutragen, was nötig ist, um eine konkrete Situation zu erklären — ob nun die gewählten Aspekte einem oder mehreren Bereichen der bestehenden Wissenschaften angehören. Die Arbeitsteilung wird durch die Problemeinheiten bestimmt werden und von einer konkreten Analyse der Situation und ihrer Struktur ausgehen.

Sie werden dadurch in einen Zusammenhang gestellt, daß sie von der
Norm einer als wünschbar angesehenen Situation und von der Norm der
effektiven sozial-technischen Realisierbarkeit der gewünschten Veränderung her betrachtet werden. Insofern, als hier eine Verbindung zwischen
der Ebene der wissenschaftlichen Theorie und der „Grundebene" der
Praxis gelegt wird, kann von „vertikaler Integration" gesprochen werden.

Die Auffassungen von Gouldner, Bennis und Ten Have

Vor allem in den Auffassungen von Gouldner, Bennis und Ten Have
erkennen wir die Züge einer selbständigen agogischen Wissenschaft, wie wir
sie oben skizzierten, wieder.

Gouldner erachtet eine selbständige Disziplin für notwendig, da eine einfache Übertragung der Resultate von den Basiswissenschaften auf das
Problemgebiet der agogischen Aktion „like carrying bones from an old
graveyard to a new one"* nicht genügt.

Seiner Ansicht nach ist die Fragestellung anders als in den Verhaltenswissenschaften; es müssen daher nebst dem Gebrauch von Konzepten aus den
Verhaltenswissenschaften auch eigene Konzepte entwickelt werden. Gouldner bezeichnet eine Wissenschaft, die auf diese Art eine eigene Identität
erhält, als eine *klinische* Wissenschaft. Die Sicht der Probleme kann allerdings nicht ohne weiteres so, wie sie vom Klientsystem anfänglich dargestellt
wird, übernommen werden. Oft erscheint das Problem in der akuten Krisen-
situation sehr anders als nach einer Diagnose. Auch wird die Formulierung
der Probleme durch das Klientsystem oft durch Abwehrmechanismen verzerrt. Bei einem klinisch-wissenschaftlichen Vorgehen muß daher eine Diagnose gestellt werden, in der die möglichen Widerstände nicht nur aufgeführt, sondern auch als legitime Probleme innerhalb der agogischen Aktion
erkannt werden. Ein solches klinisches Vorgehen betrachtet Gouldner nicht so
sehr als Frage einer bestimmten Methode, sondern eher einer bestimmten
Rollendefinition des Dienstleistungssystems[1]. Dabei kann, nach Gouldners
Auffassung, auf bestehenden klinischen Disziplinen aufgebaut werden. „To
do so effectively, however, it will have to examine reflectively and to codify

---

* ..., wie wenn man Gebeine von einem alten Friedhof in einem neuen trüge.
[1] Es geht hier um den Unterschied zwischen dem Agologen als *Forscher* und dem
praktizierenden Agologen (Agogen), der als Dienstleistungssystem auftritt.

systematically the elements of clinical activity in the variety of disciplines where they are presently employed" * (in: Bennis e. a., Seite 652, 1962).

Bennis (1965), der von Organisationen als Klientsystemen ausgeht, kommt zu einer Reihe von Kriterien hinsichtlich einer „applied behavioral science", von denen wir einige als für die agogische Theorie, die sich auch auf andere Klientsysteme als ausschließlich Organisationen richtet, für zutreffend erachten:

1. die Theorie muß sich auf Variable beziehen, die innerhalb der Praxis erfaßt, eingesetzt und ausgewertet werden können;

2. dem Verhalten des Menschen in seiner institutionellen Umwelt muß Rechnung getragen werden;

3. in der Analyse müssen sowohl Interaktionsprozesse innerhalb der Beziehung zwischen Dienstleistungssystem und Klientsystem wie Veränderungsprozesse außerhalb dieser direkten Interaktion berücksichtigt werden;

4. es müssen in bezug auf das Phänomen der Veränderung von menschlichem Verhalten Hypothesen entwickelt werden, die empirisch überprüfbar sind;

5. die Annahme muß akzeptiert werden, daß Gruppen und Organisationen[1] genausogut wie Individuen Untersuchungseinheiten für eine empirische Analyse bilden können;

6. die Theorie muß eine Selektion von Variablen ermöglichen, die im Begriffssystem der Wertvorstellungen erfaßt werden können.

Obwohl diese Kriterien viele Hinweise auf Fragen, die beim Aufbau einer agogischen Wissenschaft eine Rolle spielen, enthalten, wird der Inhalt einer solchen Wissenschaft nicht umgrenzt.

Bei Ten Have (1962) finden wir allerdings sowohl eine nähere Umschreibung der *Aufgabe* einer agogischen Wissenschaft wie eine Aufzählung der notwendigen *Elemente* einer solchen Wissenschaft.

Die Aufgabe wird umschrieben als „das theoretische Durchdenken der Theoriebildung in bezug auf alles, was mit dem sozial-agogischen[2] Prozeß

---

* Um dies effektiv tun zu können, wird es jedoch nötig sein, die Elemente der klinischen Tätigkeit auf der ganzen Breite der Disziplinen, in denen sie gegenwärtig eingesetzt werden, kritisch zu prüfen und systematisch zu erfassen.

[1] Dies trifft unseres Erachtens auch für ein territoriales Gemeinwesen zu.

[2] In dieser Umschreibung geht es um *soziale* Agogie als Teilbereich der agogischen Aktion (agogische Aktion = soziale und kulturelle Agogie).

zusammenhängt, wobei dieser Prozeß sowohl allgemein wie differenziert betrachtet wird; das heißt im Zusammenhang mit dem spezifischen Objekt der sozial-agogischen Hilfe, im Zusammenhang mit den spezifischen Zielen und Methoden und im Zusammenhang mit den spezifischen konkreten Situationen des sozial-agogischen Handelns".

Als Elemente einer Agologie nennt Ten Have:

1. die Theorie der Diagnose der wünschbaren Situation,
2. die Theorie der Diagnose der Ausgangssituation,
3. die sozial-agogische Methodenlehre,
4. die Prozeßlehre und
5. die Lehre der Auswertung.

Ten Have weist darauf hin, daß bei jeder Beschreibung des Inhaltes einer Agologie berücksichtigt werden muß, daß es dabei vorläufig noch eher um ein Programm als um die Wiedergabe eines wirklich vorhandenen Zustandes geht.

Die Elemente einer agogischen Wissenschaft

Für unsere Umschreibung des Inhaltes, die sich im großen ganzen mit der von Ten Have erstellten Einteilung deckt, doch hie und da anders formuliert ist, wollen wir von der Definition der agogischen Aktion, die wir früher gaben, ausgehen. Die agogische Aktion ist ja, in all ihren Aspekten[1], das Objekt einer agogischen Wissenschaft.

Was das Problem der Werte und Ziele betrifft, so wollen wir von *Theorie mit Bezug auf axiologische Fragen und Leitsätze* sprechen. Es geht dabei sowohl um sozial-axiologische Fragen, um das „Übersetzen" des Wertaspektes in Richtlinien der agogischen Institutionen und Organisationen, wie um das „Ablesen" von Wertmomenten aus den tatsächlich geltenden Vorschriften. Zudem spielt hier das Studium von einschränkenden sozial-ökonomischen, sozial-politischen und sozial-juristischen Faktoren eine Rolle (Ten Have, 1962).

Was nun die Beziehung zwischen dem Dienstleistungssystem und dem Klientsystem betrifft, so sind sowohl die Wertkonstanten des Dienst-

---

[1] Auch die Agogik und die Praxistheorie müssen wissenschaftlich analysiert werden.

leistungssystems (wie sie in der beruflichen Haltung, dem Berufskodex und dem tatsächlichen beeinflussenden Verhalten zum Ausdruck kommen) wie die des Klientsystems Gegenstand der Analyse.

Eng damit verbunden ist die *Theorie der Motivation.* Fragen, die in diesem Zusammenhang behandelt werden müssen, sind u. a.: Welche motivierenden Faktoren lassen sich unterscheiden? Welche wirken am stärksten? Wie können Motivationskräfte verstärkt werden?

Zusammenfassend können wir diesen Fragenkreis als die Analyse der „change forces" und „resistance forces" bezeichnen. Man kann dabei auf psychologischen und sozialpsychologischen Erkenntnissen aufbauen, muß aber das Problem der (absichtlichen) Beeinflußbarkeit von Motivationsfaktoren einbeziehen.

Dieses Gebiet ist besonders schwierig zu erforschen, da die Motivation sehr oft durch Abwehrmechanismen verdeckt wird.

Aber auch das Verhältnis zwischen Wertvorstellungen des Klientsystems und Motivation zur Veränderung muß noch gründlich studiert werden.

Von einer allgemeinen Theorie der *psycho-sozialen Diagnose* kann bisher noch kaum gesprochen werden. Sowohl die diagnostischen Theorien wie die hinsichtlich der Erstellung von Diagnosen geltenden Auffassungen sind meist auf einen sehr begrenzten Bereich beschränkt. Lippitt (1957) weist auf die unbedingte Notwendigkeit hin, eine *allgemeingültige* Theorie des Diagnostizierens im Rahmen der agogischen Aktion zu erarbeiten.

Die *Theorie der Bestimmung der Strategie* ist zweischichtig:
1. Eine systematische Übersicht der bekannten Arbeitsmethoden;
2. eine kritische Analyse der Verwendungsmöglichkeit dieser Methoden.
Ten Have (1962) erwähnt über diese beiden Aufgaben einer Methodenlehre hinaus noch die Erarbeitung und Überprüfung neuer Methoden. Diese letzte Aufgabe umfaßt nicht allein das Entwerfen, Überprüfen und Auswerten eigentlicher Techniken der absichtlichen Verhaltensänderung, sondern auch auf die Diagnostik und die Auswertung gerichtete Arbeitsweisen. Diese drei Aufgaben bezeichnen wir als die Theorie des instrumentalen Aspektes der agogischen Aktion (soziale Technologie); wir werden in Kapitel 8 ausführlich auf diesen Teil der Agologie zurückkommen.

Die Theorie der *Verhaltensmodifikation* (Ten Have spricht hier von der Prozeßlehre oder von der Dynamik des sozial-agogischen Prozesses) analysiert das Problem der bewußten Einführung von Veränderungen in die Struktur und/oder die Funktionsfähigkeit des Klientsystems. Hinsichtlich dieses Teiles der Agologie kann von einer *Verhaltenswissenschaft-im-zweiten-Grad* gesprochen werden (Nieuwenhuis), also von einer Wissenschaft, die sich mit *einer* speziellen Art von Verhalten befaßt: mit Verhalten (Dienstleistungssystem), das Verhalten anderer (Klientsystem) verändert.

Bei der *Theorie der Auswertung* kann zwischen einer *retrospektiven* Auswertung (was wurde, gemessen an den gesetzten Zielen, als direkte Wirkung erreicht?), einer *prospektiven* Auswertung (die sich auf den Umfang und die Dauer der Wirkung bezieht) und einer *Auswertung des Prozesses* unterschieden werden. Bei dieser von Ten Have vorgenommenen Unterteilung scheint uns die Prozeßanalyse besonders wichtig. Verschiedene Abhandlungen zum Thema Auswertung (z. B. Hyman e. a., 1962) weisen auf die Schwierigkeit hin, zwischen *absichtlicher Beeinflussung entsprechend der Zielsetzung* und der Beeinflussung, die von anderen Faktoren ausgeht, zu unterscheiden. Eine Prozeßanalyse kann hier bedeutend mehr bieten als bloße Messungen nach dem „Vorher-Nachher-Schema".

Die oben vollzogene Unterscheidung in Elemente einer agogischen Wissenschaft kann dem dynamischen Geschehen in der agogischen Aktion nur teilweise gerecht werden. Eine theoretische Bearbeitung dieses dynamischen Geschehens erfordert eine integrierte Anwendung von Erkenntnissen verschiedener Aspekte der agogischen Aktion. Eine Studie der Frage der Motivation und Motivationsförderung steht in Beziehung zum Problem der axiologischen Fragestellungen; Verhaltensänderung und Diagnose können nicht getrennt betrachtet werden; Auswertung, im Sinne von Prozeßanalyse, ist erst möglich, wenn die angewandten Strategien explizit gefaßt werden konnten etc.

Es sind verschiedene Arten der Differenzierung innerhalb einer allgemeinen Agologie denkbar. Die wissenschaftliche Theorie der Sozialarbeit – insofern, als sie den Charakter einer agogischen Theorie hat, – könnte zum Beispiel als eine spezielle Agologie aufgefaßt werden. Parallel dazu kann auch die Soziatrie (Hutte, 1966), die sich mit Entwicklungsstörungen in Betrieben und anderen Institutionen befaßt, als spezielle Agologie gesehen werden; dies gilt wenigstens insofern, als sie sich innerhalb der agogischen Zielsetzung vollzieht und nicht in „management development" übergeht.

Ten Have weist auch auf Spezialisierungen hin, die eine Folge der Altersstruktur sind; so kann von sozial-pädagogischen, andragogischen und gerontagogischen Spezialisierungen gesprochen werden.

Die in neuerer Zeit vorgenommenen gruppendynamischen Ergänzungen der psychologischen und soziologischen Theorie der Familie, wobei die Familie als Kleingruppe gesehen wird (Familiendynamik), könnten, wenn sie mit dem Aspekt der psycho- und sozial-therapeutischen Hilfe für die Familie integriert werden, den Anstoß zum Aufbau einer (agogischen) Familientheorie geben, in der dann allerdings die Analyse der beeinflußbaren Variablen nicht vergessen werden darf.

Kapitel 8
Die Funktion einer sozialen Technologie

In Kapitel 4 kamen wir zum Schluß, daß der systematischen Analyse des instrumentalen Aspektes der agogischen Aktion im Rahmen der heute bekannten agogischen Arbeitsmethoden, die sich getrennt entwickelten, zu wenig Aufmerksamkeit geschenkt wurde – allerdings wären die Möglichkeiten dazu auch gering gewesen. In bezug auf physische Techniken haben sich technische Wissenschaften entwickelt. Wir wollen nun den Ort der technischen Wissenschaften genauer betrachten, um danach auf die Frage einzugehen, ob im Bereich der *sozialen* Techniken hinsichtlich der Theoriebildung eine ähnliche Situation vorliegt.

Physische Technologie

Während die physischen Techniken anfänglich auf Erfahrungswissen beruhten und keine theoretische Fundierung hatten, haben sich seit dem Aufkommen der modernen Naturwissenschaften aus der Konfrontation von Technik und Naturwissenschaften verschiedene technische Wissenschaften entwickelt.

Auf der Suche nach einer Erklärung für den späten Zeitpunkt, in dem diese Konfrontation zwischen Technik und Naturwissenschaften einsetzte, stößt van Melsen (1960) auf die Diskrepanz, die im griechischen Denken zwischen „Wissen" und „Tun" bestand. Dies schlug sich in einer scharfen Trennung von epistèmè (auf theoretischen Einsichten beruhende Wissenschaft) und technè (das praktische Können, die Fähigkeit zur Ausübung) nieder. Zwar sah man, daß bei der Wissenschaft das „Wissen" im Dienste der Wissenschaft und beim „Können" im Dienste des Tuns stand. Obwohl im Prinzip die griechische Auffassung der Wissenschaft genügend Raum für die Entwicklung einer Wissenschaft, die im Dienste des „Tuns" steht, gelassen hätte, kam es nicht dazu (Kwant, 1958). Daß Arbeit und Wissenschaft bei den Griechen vollkommen getrennt verliefen, kann allerdings im Blick auf die geringe soziale Wertschätzung der Arbeit nicht verwundern.

Die Selbständigkeit der technischen Wissenschaften wird noch nicht überall voll anerkannt; man trifft etwa noch, auch innerhalb der technischen Wissenschaften, auf die Auffassung, daß es sich in Wirklichkeit um angewandte Naturwissenschaften handelt.

Diese falsche Sicht wird zudem dadurch gefördert, daß zwar von einer Mannigfaltigkeit von technischen Wissenschaften gesprochen werden kann, daß andererseits aber einer allgemeinen technischen Theorie, die einem dringenden Bedürfnis entgegenkäme, bisher noch kaum Beachtung geschenkt wurde (Hardensett, 1932).

Auch Van Riessen (1949), der kräftig für die Anerkennung der Selbstverständlichkeit einer technisch-wissenschaftlichen Theorie, der die Verantwortung für eine theoretische Durchdringung der Technik zukommt, plädiert, ist der Meinung, daß technische Probleme stärker als bisher von individuellen und incidentellen Aspekten losgelöst werden sollten. Erst dann wird es möglich, die fundamentalen Probleme zu erkennen, deren Lösung zwar kein fertiges Rezept für jedes individuelle praktische Problem liefert, aber doch durch ihre zu verallgemeinernde Bedeutung als wichtige Vorarbeit angesehen werden kann, aufgrund der später eine Individualisierung möglich wird.

In den technischen Wissenschaften (Technologie) ist das technische *Problem*, wie es im „Feld" auftritt, Ausgangspunkt der Theoriebildung. Wenn man zu einer technologischen Formulierung des Problems kommen will, so muß dieses mehr oder weniger generalisierbar sein; praxisbezogene Probleme müssen von ihrem incidentellen Charakter gelöst und auf grundlegende Probleme von breiterer Bedeutung hin analysiert werden. Der Grad der Generalisierbarkeit kann sehr unterschiedlich sein. Die Lösungen für Probleme wie die Umwandlung von Energie, deren Meßbarkeit oder deren Kontrolle sind stark neutralisiert (d. h. bei sehr verschiedenen individuellen Problemen anwendbar), während andere Lösungen in Teilbereichen der Technik sehr spezifisch sind (d. h. bei einem schmalen Spektrum individueller Probleme anwendbar).

Ein wesentliches Merkmal einer Technologie ist, daß zwischen dem (gedanklichen) Plan und der Durchführung die Phase des *Entwerfens* eingeschoben ist; im handwerklichen Stadium der Technik fehlte dies. Diese Phase des Entwerfens schafft die Möglichkeit, *Modelle* aufzustellen, die dann in der Praxis überprüft werden können.

Van Riessen schreibt der technischen Wissenschaft drei Funktionen zu:
1. Festhalten der Erkenntnisse in theoretischen Formulierungen (Aufbau der Theorie);
2. Klärung intuitiv erworbener Einsichten;
3. Beherrschen und Lenken der technischen Schulung; das In-einen-theoretischen-Rahmen-Bringen der Technik.

Van Riessen ist der Ansicht, daß in der Technologie vor allem diese letzte Funktion ausschlaggebend ist; der Ingenieur befaßt sich letztlich immer mit Normen und Vorschriften, die sich auf das technische Geschehen beziehen.

Die technische Wissenschaft wird sich daher, trotz der engen Beziehung zu den Naturwissenschaften, durch die besondere Orientierung ihrer Erkenntnisse auch weiterhin von diesen unterscheiden; es geht bei ihr nämlich um das Ingangsetzen des technischen Geschehens.

Soziale Techniken und soziale Technologie

Es stellt sich nun die Frage, inwiefern eine Theoriebildung, die sich mit den sozialen Techniken befaßt, den Charakter einer Technologie aufweisen soll. Van Riessen erwähnt als wichtigste Merkmale der modernen Technik[1] (im Vergleich zur klassischen Technik):

- Einfluß der technischen Wissenschaft
- starke Tendenz, nach generalisierbaren Lösungen zu suchen
- große Distanz zwischen Produktion und Gebrauch, da Produzent und Konsument nicht identisch sind
- die Phase des Entwerfens zwischen gedanklicher Planung und Ausführung
- Funktionsteilung (anstelle einer einzigen Bearbeitungsphase in der klassischen Technik; vgl. auch Seite 57).

Wir wollen diese Merkmale nun mit der Situation der sozialen Techniken im Bereich der agogischen Aktion vergleichen.

---

[1] Wir haben hier jene Merkmale, die sich ausschließlich auf die *industrielle* Technik beziehen (z. B. die Bedeutung technischer Operatoren, Massenproduktion etc.) nicht berücksichtigt.

Der Einfluß der technischen Wissenschaft. Wir haben verschiedentlich darauf hingewiesen, daß höchstens incidentell von einer wissenschaftlichen Durchdringung der sozial-technischen Prozesse gesprochen werden kann. Allerdings ist eine Tendenz zur Koordination wissenschaftlich fundierter, sozialtechnischer Einsichten zu erkennen (z. B. im Rahmen der planned change-Theorie).

Die starke Tendenz, generalisierbare Lösungen zu suchen. Trotz der Bedeutung, die den Fallstudien in der Praxistheorie zum Beispiel der Sozialarbeit noch immer zukommt, kann nicht mehr von einem kasuistischen Vorgehen gesprochen werden. Die Generalisierung ist allerdings noch oft auf recht spezialisierte Bereiche beschränkt, wobei fundamentale sozial-technische Prinzipien, die für das ganze Feld der agogischen Aktion zutreffen, übersehen werden.

Eine größere Distanz zwischen Produktion und Gebrauch, da Produzent und Konsument nicht mehr identisch sind. Im Augenblick ist die Situation noch oft so, daß die Praktiker, die die Arbeitsmethoden einsetzen, sich auch mit der Analyse dieser Methoden befassen. Dies verändert sich in dem Maße, als auf dem Hintergrund wissenschaftlicher Disziplinen praxisorientierte wissenschaftliche Forschung durchgeführt wird. Die Situation unterscheidet sich jedoch nach wie vor von derjenigen auf dem Gebiet der physisch-technischen Wissenschaften. Dort besteht eine scharfe Grenze zwischen Technologen (entwerfenden Ingenieuren) und Betriebsingenieuren, die sich in der Industrie am Produktionsprozeß beteiligen.

Das oft erwähnte Plädoyer für eine Ausdehnung der empirischen Forschung auf die agogischen Arbeitsmethoden (siehe Urban und Ford, 1964; Hollis, 1964) setzt sich eigentlich für eine Situation ein, die derjenigen der physischen Technik ähnlich ist. Es kann jedoch kein Zweifel darüber bestehen, daß sich mit solcher Forschung Leute befassen müssen, die sowohl allgemein-theoretisch (agologisch) wie forschungs-methodologisch ausgebildet sind. Die Praktiker, die diese Arbeitsmethoden bis jetzt einsetzten, erfüllten diese Forderungen meist nicht (eine deutliche Ausnahme bildet das Gebiet der T-Gruppenmethode, in dem diese Bedingungen oft wirklich erfüllt sind).

Das Entwerfen als Phase zwischen gedanklicher Planung und Ausführung. Dies hatte bisher wenig Bedeutung; die meisten Arbeitsmethoden entwickelten sich aus ursprünglich auf Intuition basierenden Arbeitsweisen. Bei den erst in neuerer Zeit entstandenen Arbeitsmethoden (T-Gruppenmethode, Methode der therapeutischen Familienpflege) läßt sich jedoch darin etwas davon erkennen, daß die Theorie, die sich auf die Methode bezieht, eher vorläufigen Charakter hat, während Forschung und (Feld-)Experimente aufeinander abgestimmt eingesetzt werden. Ein Unterschied zu den physischen Wissenschaften bleibt allerdings bestehen, da Entwurf und definitive Anwendung nicht scharf zu trennen sind. Die Problematik der sozialtechnischen Beeinflussung ist selten geeignet, um Testversuche in einem Laboratorium durchzuführen; meistens muß auf Feldexperimente abgestellt werden, oder man beschränkt den Einsatzbereich von Anfang an.

Die Funktionsteilung (anstelle einer einzigen Bearbeitungsphase in der klassischen Technik). Wer auf die Handwerklichkeit und den damit verbundenen stark individuellen Charakter Wert legt (siehe z. B. Perlman), wird wenig von Funktionsteilung halten; diese kommt im sozial-technischen Bereich dem Erkennen gesonderter Beeinflussungstechniken gleich. Die wissenschaftliche Erforschung sozial-technischer Prozesse kann hier zu einer Situation beitragen, in der eine größere Distanz zwischen dem Dienstleistungssystem und den von diesem eingesetzten Instrumenten entsteht, was bessere Regulierungsmöglichkeiten zur Folge hat.

Aufgrund des gezogenen Vergleiches glauben wir schließen zu können, daß wir uns in den sozialen Techniken in einer Übergangssituation befinden; die Merkmale des handwerklichen Stadiums werden immer mehr durch die Merkmale eines technologischen Zeitalters abgelöst.

Wir halten dies für eine günstige Entwicklung, falls eine soziale Technologie, die sich auf den instrumentalen Aspekt der agogischen Aktion bezieht, die drei Funktionen erfüllen kann, die Van Riessen als kennzeichnend für die physische Technologie nannte. Dies sind:

1. Erkenntnisse in theoretischen Formulierungen festhalten. Dies bezieht sich hier auf Kenntnisse über Techniken der Beeinflussung (die eigentliche Verhaltensänderung) und andere sozial-technische Fragen;

2. Intuitiv erworbene Einsichten klären. Dieser Faktor erhält im Rahmen der *sozialen* Technologie den Charakter einer wissenschaftlichen Analyse bestehender Arbeitsmethoden;

3. die Technik in einen theoretischen Rahmen bringen. Dies bedeutet, daß

sich aus der technologischen Theorie Richtlinien für den Umgang mit sozialen Techniken ableiten lassen müssen. Diese Richtlinien können allerdings nie den Charakter von Rezepten haben. Jede Theoriebildung, auch die technologische, enthält einen bestimmten Grad der Generalisierung. Diese Richtlinien sind daher eher *Entscheidungsprinzipien,* die in der Planung der Strategie durch den praktizierenden Agologen (oder: Agogen) eine Rolle spielen (vgl. dazu Kapitel 10).

Wie Van Riessen sehen auch wir diese letzte Funktion als zentral für eine Technologie. Dabei muß aber beachtet werden, daß diesem In-einen-theoretischen-Rahmen-Setzen der sozialen Techniken noch engere Grenzen als bei physischen Techniken gesetzt sind. Die Situationen, in denen soziale Techniken zum Zuge kommen, sind sehr komplex; der embryonale Zustand der heutigen sozialen Technologie führt dazu, daß sich der Abstand zwischen Theorie und Erkennen von Problemen der Praxis, die eine sozial-technologische Analyse erfordern, laufend vergrößert; die Interaktion zwischen Dienstleistungssystem und Klientsystem kann nur innerhalb bestimmter Grenzen reguliert werden (siehe Kapitel 11) und darf übrigens auch nur begrenzt beherrscht werden, wenn die durch Heidegger erwähnte Gefahr (daß der Mensch ausschließlich als „Bestand" aufgefaßt wird) nicht grauenhafte Wirklichkeit werden soll; sozial-technische Strategien werden immer noch Fehler aufweisen, zum Beispiel in Folge ungenügend überprüfter Hypothesen, infolge unvorhersehbarer Nebenwirkungen oder infolge von Mängeln bei der Anwendung der Techniken.

Wir haben bereits früher (Seite 71) erwähnt, daß wir die soziale Technologie insofern als Bestandteil einer agogischen Wissenschaft sehen, als sie sich auf den instrumentalen Aspekt der agogischen Aktion bezieht[1]. *Dies impliziert allerdings einen Standort im Gesamt der Wissenschaft, der vom Ort der physisch-technischen Wissenschaften abweicht.* Eine Theoriebildung analog der Agologie ist im Bereich der physischen Wissenschaften nicht oder fast nicht vorhanden.

Wir tendieren dazu, dies nicht zum Beispiel einer prinzipiell anderen Situa-

---

[1] Wo soziale Techniken anderenorts gebraucht werden (Verkaufskunde, Politik), kann ebenfalls eine Theoriebildung einsetzen, die zwar die Merkmale einer sozialen Technologie aufweisen mag, aber an andere Werte gebunden ist.

tion zuzuschreiben, sondern eher einer bestimmten historischen Entwicklung, in der sich wissenschaftliche Spezialisierungen auf Kosten einer integrierten Analyse praktischer Probleme verselbständigt haben. Dies zeigt sich zum Beispiel schmerzlich auf dem Gebiet des Wohnungsbaus. Obwohl die Problematik des Wohnens nicht von einer einzelnen Disziplin her oder durch incidentelle Zusammenarbeit verschiedener Fachbereiche erfaßt werden kann, fehlt eine „Wissenschaft des Wohnens", in der planologische, architektonische, sozialpsychologische und andere Aspekte integriert behandelt werden.
Das folgende Schema verdeutlicht das Verhältnis zwischen technischen und anderen Wissenschaften.

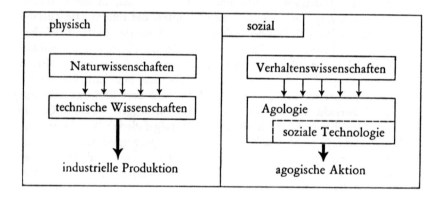

Methode und Technik

Jetzt, wo das technologische Zeitalter auch für die agogische Aktion angebrochen ist, scheint uns – wie wir bereits früher angaben (Seite 65) – der Unterschied zwischen „Methode" und „Technik" von geringer Bedeutung. Dabei stehen zwei Gründe zentral:

1. Es kann dadurch leicht eine falsche Qualifikation der Techniken auftreten („Normlosigkeit");
2. das weitere Denken in Begriffen der heutigen (Arbeits-)Methoden kann, so fürchten wir, zu einer Fixierung der Entwicklung des agogischen Instrumentariums im handwerklichen Stadium führen.

Wir ziehen es daher vor, ausschließlich – also dort, wo es um bestehende Arbeitsweisen respektive -methoden geht – von „Techniken" zu sprechen, wenn wir damit systematische Arbeitsweisen in der agogischen Aktion meinen; wir gebrauchen den Begriff »Technologie« dort, wo es sich um wissenschaftliche Theorie, die sich mit diesen Arbeitsweisen befaßt, handelt. Damit schließen wir uns dem Sprachgebrauch in der „planned change"-Theorie an; auch dort wird nicht prinzipiell zwischen „methods" und „techniques" unterschieden.

Deutlicher, als dies in der „planned change"-Theorie der Fall ist[1], wollen wir einen klaren Unterschied machen zwischen den sozialen Techniken und jenen, die diese einsetzen (Sozialarbeiter, Therapeut, praktizierender Agoge etc.) einerseits, und der *Wissenschaft* der (sozialen) Technik (Technologie) und jenen, die sich damit befassen (Sozial-Technologen; „social engineers") andererseits.

Wir denken, daß in einem sozial-technologischen Zeitalter das „organische" Band zwischen den bestehenden Arbeitsmethoden und bestimmten Bereichen der agogischen Aktion immer mehr verschwinden wird. Die Bestimmungsfunktion vieler sozialer Techniken wird sich als bedeutend weniger spezifisch erweisen, sobald die Entwicklung der Arbeitsweisen nicht mehr ausschließlich in einem historisch definierten Praxisbereich erfolgt, sondern auch ein Produkt der sozial-technologischen Theorie ist.

Etwas von diesen Gedanken schlägt sich in der Diskussion, die über Ort und Inhalt der Gruppenarbeit geführt wird, nieder (Volksopvoeding, Jahrgang 1957, 1961–1962). Der Schritt von der Gruppenarbeit zur Arbeit mit Gruppen, den schon De Waal (1958) vollzogen hat, wurde durch Ten Have untermauert; er stellt fest, daß die in der Gruppenarbeit geltenden Werte nicht spezifisch für diesen Bereich sind, sondern für den breiteren Rahmen der agogischen Arbeit Gültigkeit haben. Auch Van Stegeren (1967) stützt diese Ansicht, wenn sie betont, daß eine Arbeitsweise primär darauf gerichtet sein muß, so effizient und so umfassend wie möglich auf ein Ziel hinzuführen (Seite 122).

---

[1] Thelen (1954) versteht unter Technologie „a set of principles useful to bring about change toward desired ends".
Diese Umschreibung impliziert jedoch noch keine sozial-technische *Wissenschaft*.

In einem technologischen Zeitalter werden die Beeinflussungstechniken immer mehr „entworfen", d. h. auf ihre Bestimmungsfunktion, die dann nicht
mehr länger durch die historische Tradition eingeschränkt sein muß (man
vergleiche mit dem handwerklichen Stadium, Seite 64), hin geprüft werden.
Anders als bei den vorgeprägten Arbeitsmethoden wird der Zusammenhang
mit spezifischen Problemkreisen durch „präferente Strategien" gebildet werden; damit sind Formen einfacher Techniken gemeint, die auf relevante
Aspekte in der Ausgangssituation des Klientsystems abgestimmt sind. Falls
dann die Aspekte der Wertvoraussetzungen, der Diagnose etc. im Rahmen
der Praxistheorie, und vor allem auch der Agologie erfaßt werden können,
kann sich die soziale Technologie mit ihrer primären Aufgabe befassen:
Analyse, Planung und Überprüfung von sozialen Techniken und sozial-
technischen Strategien[1].

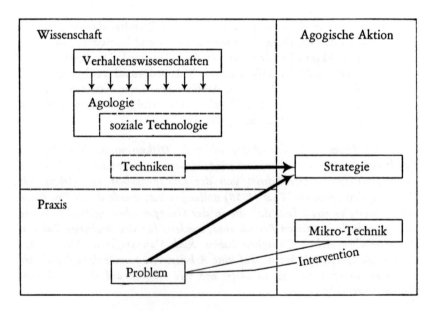

---

[1] In Kapitel 10 wird der Unterschied zwischen einfachen Beeinflussungstechniken und
Strategien als Komplexe solcher Techniken eingehender besprochen.

Teil III

Sozial-technologische Standortbestimmung

Kapitel 9
Verhaltensmodifikation

Als eine der wichtigsten Ursachen für das Fehlen einer gründlichen Darstellung des technischen Aspektes der meisten psycho-therapeutischen Systeme sehen Ford und Urban (1964) den Mangel an wissenschaftlicher Theoriebildung zur Frage der bewußt eingeführten Änderung von Verhalten. Zwar gibt es viele Theorien, die sich mit Verhaltensänderungen befassen (z. B. in bezug auf Entwicklungsprozesse), doch enthalten sie oft keine gezielt einsetzbaren Variablen. Außer einer „Theorie des Wandels" („theory of change") ist jedoch auch eine „Theorie des Wandlungsvorganges" („theory of changing"), die sich mit diesen verwendbaren Variablen befaßt, dringend nötig (Bennis, 1965).

Wir wollen jetzt deutlich zwischen Verhaltensänderung und Verhaltensmodifikation unterscheiden. Unter *Verhaltensänderung* verstehen wir das Auftreten von Veränderungen in der Struktur und/oder dem Funktionieren eines psycho-sozialen Systems als Folge von Entwicklungsprozessen, zufälliger situationeller Beeinflussung und nicht absichtlich eingesetzter interaktioneller Beeinflussung.

Den Begriff der *Verhaltensmodifikation* dagegen verwenden wir für die Bezeichnung des *bewußten Einführens von Veränderungen in der Struktur und/oder dem Funktionieren eines psycho-sozialen Systems*. Die Theoriebildung, die sich spezifisch mit Verhaltensmodifikation befaßt, ist erst fragmentarisch vorhanden. Wir haben daher auch noch keine Modelle von Verhaltensänderung zur Verfügung, die in der agogischen Praxis auf ihre Wirksamkeit hin geprüft werden könnten[1].

Das Erstellen von Modellen mit Bezug auf Verhaltensmodifikation innerhalb der agogischen Aktion scheint uns jedoch von großer Bedeutung zu sein, um vermehrt Einsicht in die Totalität des agogischen Prozesses erhalten zu können.

---

[1] In einigen wenigen, begrenzten Gebieten der agogischen Aktion wurden zwar Modelle ausgearbeitet, wie z. B. in der Theorie der T-Gruppe (Bradford e. a., 1964).

Verhaltensmodifikation und das Entwerfen von Modellen

Selbst unter Berücksichtigung aller Beschränkungen – wie zum Beispiel der geringen Quantifizierbarkeit –, die Modelle in einem so komplexen Bereich wie demjenigen der agogischen Aktion notgedrungenermaßen aufweisen, glauben wir, daß das Entwerfen von Modellen für eine agogische Wissenschaft äußerst wichtig ist. Folgende Aspekte sprechen für einen solchen Versuch:

1. *Auch ein sehr einfaches Modell ist brauchbarer als die groben Schätzungen, auf die in der Praxis abgestellt wird* (Pen, 1959). Nebst dem Gebiet der Ökonomie scheint diese Aussage vor allem auch für den Bereich der agogischen Praxis zuzutreffen. Wir glauben, daß dies Hinweise darauf gibt, wie hinsichtlich der Theoriebildung in einer agogischen Wissenschaft (und im Besonderen in der sozialen Technologie) vorgegangen werden sollte. Die agogische Wissenschaft erhält ihre Identität ja unter anderem von der praktischen Zielsetzung, der Verbesserung der Qualität der agogischen Arbeit (siehe Kapitel 7), her;

2. *Ein Modell zwingt zu seiner Überprüfung.* Modelle haben keinen Wert an sich; ihr Ziel ist es, zutreffende Vorhersagen zu ermöglichen. Mit Hilfe der Wechselwirkung zwischen dem „groben" Modell und der Rückkoppelung, die aus der Überprüfung resultiert, kann das Modell verfeinert werden, um dann aufs neue überprüft zu werden. Auf diese Weise vollzieht sich eine Theoriebildung, die unausweichbar auf die Praxis ausgerichtet sein wird;

3. *Ein Modell bildet ein sinnvolles Ganzes von zusammenhängenden Variablen.* Die Forderung, von *Problemeinheiten* auszugehen, die wir an die agogische Wissenschaft richteten (siehe Kapitel 7), wird damit per Definition erfüllt. Auf natürlichere Weise als dies in einer Theorie[1] der Fall ist – eine solche kann Fragmente einzelner Problemeinheiten getrennt analysieren –, bietet ein Modell einen geschlossenen Bezugsrahmen.

Der Vollständigkeit halber müssen allerdings auch die Nachteile, die mit dem Erstellen von Modellen verbunden sind, erwähnt werden. In erster Linie ist

[1] Wenn es nicht um quantitative (oder räumliche), sondern um verbale Modelle geht, kann die Grenze zwischen einer Theorie und einem Modell nicht scharf gezogen werden. Allerdings liegt bei einem Modell immer eine *utilistische* Auswahl der als relevant angesehenen Variablen vor.

die Gefahr einer übermäßigen Simplifizierung zu nennen. Ein zu allgemeines Modell, das durch Überprüfung nicht deutlicher nuanciert werden kann und keine genaueren Vorhersagen ermöglicht, ist unbrauchbar, wobei allerdings die Gefahr besteht, daß es mangels eines Besseren doch gebraucht wird. In zweiter Linie ist auf die Gefahr hinzuweisen, daß bei der Verwendung in der Praxis allzuleicht vergessen werden kann, daß ein Modell eine Konstruktion ist und bleibt und daher nie mit der Wirklichkeit selbst identifiziert werden darf.

Die Struktur des Modells

Ein brauchbares Modell agogischer Verhaltensmodifikation wird nicht primär ein *Erklärungsmodell,* sondern ein *Entscheidungsmodell* sein. Von einem Entscheidungsmodell wird dann gesprochen, wenn Variable in ein bestimmtes Modell aufgenommen werden, die bestimmte Werte aufweisen sollen. (Pen, 1959).
Dies trifft bei einem agogischen Modell zu. Wir gehen dort von bestimmten *Zielvariablen* (z. B. der gewünschten Verhaltensänderung) aus und kommen von da zur Wahl von *instrumentalen Variablen.* Ein solches Entscheidungsmodell kann die Basis zu einem effektiven Gebrauch instrumentaler Variabler in der agogischen Praxis bilden.
Für ein Modell, das zu Richtlinien in der agogischen Aktion führen soll, lassen sich folgende Kriterien aufstellen:
a) Die Zielvariablen, das heißt die Variablen, die sich auf die angestrebte verbesserte Situation des Klientsystems beziehen, müssen so operational wie immer möglich formuliert werden (in Begriffen von Wirkungen);
b) die instrumentalen Variablen müssen auf Faktoren hinweisen, die innerhalb der Beziehung zwischen Dienstleistungssystem und Klientsystem gestaltet werden können;
c) Die Situation, für die das Modell Gültigkeit besitzt (z. B. die Ausgangssituation des Klientsystems), muß umschrieben werden.
Als grundlegende Entscheidung, die uns bei der Konstruktion eines Modelles notwendig zu sein scheint, sehen wir die Wahl zwischen einem *transaktionel-*
Bennis, Schein und anderen, 1964, zu finden ist). Die Prinzipien der
len Modell (Rogers) und einem *interaktionellen* Modell (wie es z. B. bei

Verhaltensänderung, auf denen diese beiden Modelle basieren, unterscheiden sich grundlegend. Daher müssen auch die instrumentalen Variablen der beiden Modelle verschieden sein. Ohne uns ein Urteil über die Brauchbarkeit des transaktionellen Modells anzumaßen, wählen wir für das Erstellen eines Modells, das auf die agogische Praxis ausgerichtet ist, eine interaktionelle Theorie der Verhaltensänderung[1], und zwar aus folgenden Gründen:

1. Die interaktionelle Theorie verfügt über einen breiten Hintergrund an Beiträgen aus verschiedenen Theorien; die Basis der transaktionellen Theorie ist bedeutend schmaler (Rogers und die Phänomenologie);

2. Der anti-technische Charakter der transaktionellen Theorie schränkt die Möglichkeiten zur Analyse von Beeinflussungsprozessen, wie sie sich in der agogischen Aktion abspielen, ein.

Welches sind nun die aktuellen Möglichkeiten, um zu einem solchen Modell der Verhaltensmodifikation zu kommen? Wenn dabei an einen eventuellen Gebrauchswert für den Praktiker gedacht wird, schätzen wir sie eher gering ein. Es muß noch sehr viel Vorarbeit geleistet werden, bevor ein solches Modell Richtlinien für die Praxis geben kann. Wenn man den Versuch, ein grobes Modell zu entwerfen, als Teil einer solchen Vorarbeit sieht, und dieses Modell vorläufig ausschließlich als für „Laboratoriumszwecke" bestimmt erkennt, kann es unserer Ansicht nach sinnvoll sein, die Konstruktion eines solchen groben Modells vorzunehmen. Dabei wird mindestens ein bescheidenes Ziel erreicht, indem Erfahrungen in bezug auf die Probleme, die sich beim Erstellen eines Modells der Verhaltensmodifikation ergeben, gesammelt werden. Bis heute fehlt allerdings selbst ein erster Aufriß – eine Art Modell des Modells – immer noch.

Wir wollen daher den Versuch wagen, ein solches grobes Modell zu umreißen.

Dieses Modell weist den Charakter eines *allgemeinen Modells* der Verhaltensmodifikation auf. Wir sind uns bewußt, daß bei einer Überprüfung eines solchen Modells nicht nur Abänderungen und Ergänzungen von Details nötig sein werden, sondern auch Differenzierungen nach spezifizierten

---

[1] Typisch für eine interaktionelle Theorie ist, daß die zwischenmenschlichen Prozesse auf ein interdependentes Ganzes von ausgehenden und reagierenden verbalen und nicht-verbalen Aktionen innerhalb einer unmittelbaren (face-to-face) Beziehung zwischen psycho-sozialen Systemen reduziert werden.

Ausgangssituationen Anlaß zum Erstellen von Teilmodellen[1] bieten werden, deren Geltungsbereich auf gewisse Sektoren der agogischen Aktion beschränkt ist.
Die Variablen, die wir in dieses Modell einführten, übrnahmen wir aus Erkenntnissen von Lewin (Bennis e. a., 1962), Harvey, Hunt und Schroder (1961), Bennis, Schein e. a. (1964), Kelman (1961) und Festinger (1957).[2]

Die Variablen des Modells

Die Variablen, die wir in die Konstruktion des Modells aufnahmen, sind:
– (drei) Phasen der Verhaltensmodifikation
– die Ausgangssituation des Klientsystems
– einzelne Modifikationsmechanismen[3]
– das Machtverhältnis zwischen Dienstleistungssystem und Klientsystem
– die direkte wünschbare Wirkung der Modifikationmechanismen.

Die *Theorie des quasistationären Gleichgewichtes* (Lewin, 1961) liefert günstige Anknüpfungspunkte für die Unterscheidung der Zielvariablen und der instrumentellen Variablen in unserem Modell.
Lewins Theorie geht davon aus, daß bei jedem psycho-sozialen System von einem Gleichgewicht gegensätzlicher Kräfte gesprochen werden kann. Dieses Gleichgewicht kann auf zwei Arten verändert werden: Durch das *Hinzufügen* von Kräften, die in der Richtung der gewünschten Veränderung wirken, und durch das *Ausschalten* von Kräften, die dieser Veränderung entgegenwirken (die sogenannten resisting forces). Diese Methoden führen während beim Ausschalten von „resisting forces" ein *tieferes* Spannungsbeide zur gewünschten Veränderung, doch mit dem Unterschied, daß beim

---

[1] Eine erste Spezifierung erfolgt schon in diesem Modell durch die Unterteilung in *Phasen* (von denen jede eine eigene Ausgangssituation hat).
[2] Die Selektion erfolgte nach utilistischen Gesichtspunkten und nicht aufgrund überprüfter Gültigkeit und Zuverlässigkeit der betreffenden Theorien.
[3] Mit Modifikationsmechanismen meinen wir Prozesse innerhalb des Klientsystems, welche zu Veränderungen in der Struktur und/oder dem Funktionieren dieses Systems führen und weder rein auf Zufall beruhen noch vollständig determiniert sind, sondern ein bestimmtes Maß an Vorhersehbarkeit aufweisen und durch eine Intervention von außen in Gang gebracht werden können.

Hinzufügen von „change forces" das Spannungsniveau der Gleichgewichts-situation *erhöht* wird (die „change forces" mobilisieren „resisting forces"), niveau entsteht. Nach Lewin verdient die zweite Methode den Vorzug, da ein tieferes Spannungsniveau mit geringerer Aggressivität, mit weniger Emotionalität und mit einem höheren Maß an Konstruktivität verbunden ist. *Das Vermindern der „resisting forces" bezeichnet Lewin auch etwa als „unfreezing" eines psycho-sozialen Systems.* Dieser Prozeß muß die Bedingungen für die eigentliche Veränderung, das „moving", schaffen; danach kann sich das neue Gleichgewicht festigen, ein Vorgang, den Lewin „freezing" nennt. Diese drei Phasen, „unfreezing", „moving" und „freezing", haben wir in unserem Modell als Variable übernommen. Sie bilden ein sehr brauchbares Bindeglied zur Variablen der Modifikationsmechanismen, da Lewin diese Prozesse der Verlagerung des Gleichgewichts als *steuerbare* Prozesse sieht, und nicht zum Beispiel als autonome Wachstumsprozesse.

Die Phasen weisen so, wie sie Lewin unterscheidet, eine logische Reihenfolge auf: Das „unfreezing" muß zuerst erfolgen als Voraussetzung für den Prozeß des „moving"; erst dann kann zum „freezing" übergegangen werden. Dies heißt jedoch nicht, daß bei jeder agogischen Aktion der Beginn der Beeinflussung in der ersten Phase, dem „unfreezing", liegt. Es ist ebenso möglich, daß die „resisting forces" bereits durch andere Faktoren (Wachstumsprozesse, sozialer Druck) geschwächt sind. Und es kann sogar vorkommen, daß der Veränderungsprozeß auf der Basis der Selbsthilfe bereits stattgefunden hat und sich der berufliche Beitrag auf das „freezing" beschränkt.

Einschneidende Ereignisse in der Lebenssituation des Klienten können in einer Behandlung im Rahmen der Sozialarbeit bedeuten, daß der Widerstand gegen Veränderung bereits weggefallen ist und die Behandlung in der Phase des „moving" einsetzen kann.

Es ist auch denkbar, daß sich an einem politischen Bildungskurs Leute beteiligen, die sich mitten in einer Wandlung befinden, wobei dieser Prozeß aber noch nicht im Sinne von Integration der erhaltenen Einsichten und veränderten Haltungen in der Alltagssituation abgeschlossen ist. Agogische Aktion kann hier den Charakter der Hilfe in diesem Integrationsprozeß aufweisen, ist also „freezing".

Die Phasen von Lewin haben, auch wenn sie nicht in allen Formen der agogischen Aktion gleich deutlich auftreten, einen *kumulativen* Charakter: Während des „freezing" werden oft durch gezielte Interventionen Prozesse des „unfreezing" und des „moving" nochmals angeregt werden müssen, wenn das Endprodukt der Veränderung nicht in zwar neuen, aber ebenso starren Verhaltensmustern oder wenig flexiblen Haltungen bestehen soll.

Die *Ausgangssituation des Klientsystems* haben wir ebenfalls als Variable für dieses Modell genommen, wobei wir *einen* Aspekt aus den vielen diagnostisch wichtigen Gegebenheiten herausgriffen, und zwar den Faktor des *Grades der Zugänglichkeit* des Systems, das heißt das Maß an Offenheit respektive Abwehr der Beeinflussung gegenüber. Dieser Aspekt spielt besonders in der Theorie von Harvey u. a. eine wichtige Rolle. Nach dieser Theorie vollziehen psycho-soziale Systeme[1] (und Sub-Systeme) einen Entwicklungsprozeß, in dem durch laufende Differenzierung und Integration ein höherer Grad des Funktionierens erreicht wird. Diese Entwicklungsprozesse können stagnieren; es kann auch zu *Regression* kommen. Nach Harvey e. a. zielen agogische Aktionen nun immer auf das Fördern der natürlichen Entwicklung, das Lösen von Stagnation und das Beheben von Regressionserscheinungen ab. Dabei kommen diese Autoren zu einer wichtigen Schlußfolgerung: *Erst wenn bei einem System eine optimale Offenheit vorhanden ist, kann die Entwicklung zu einem höheren Niveau des Funktionierens erfolgen; wo jedoch ein System extrem geschlossen ist, muß zuerst eine optimale Offenheit herbeigeführt werden.*[2]
Die Auffassungen von Harvey e. a. schließen nahe bei denjenigen von Lewin an, sind jedoch stärker in diagnostische Begriffe gefaßt und ermöglichen einige Nuancierungen, die wir in unserem Modell übernahmen (siehe Seite 128).
Ein wesentlicher Bestandteil unseres Modells sind die *Modifikationsmechanismen.*
Ausgehend von Lewin wollen wir noch drei Dimensionen unterscheiden, in

---

[1] Harvey e. a. sprechen von „conceptual systems", wobei die Person als eine Totalität von „conceptual systems" aufgefaßt wird. Der Begriff „concept", der mit Helly's Begriff „construct" verglichen werden kann, weist auf relativ konstante Verhaltenshintergründe hin („standardized evaluative predilections toward differentiated aspects of [his] external world").

[2] Wir sprechen hier von „extrem geschlossen", respektive „optimal offen", um damit anzudeuten, daß jedes System ein gewisses Maß an Geschlossenheit (Selbstkontrolle) aufweist.

denen sich diese Modifikationsprozesse abspielen. Die *kognitive Dimension*, die *evaluative[1] Dimension* und die Dimension der *Aktion*. Der Sinn dieser Unterscheidung von Dimensionen ergibt sich aus der Erfahrungstatsache, daß eine Modifikation innerhalb einer dieser Dimensionen nicht notwendigerweise Modifikationen in den anderen Dimensionen zur Folge hat. Intellektuelle Kenntnisse (kognitiv) können zum Beispiel durch Aufklärung verändert werden, ohne daß sich mit der neuen Sicht auch die gefühlsmäßige Einstellung dem betreffenden Teil der Wirklichkeit (z. B. Rassendiskrimination) gegenüber ändert (evaluativ) und ohne daß dies im Verhalten in der Alltagssituation seinen Niederschlag findet (Aktion).

In unserem Modell gehen wir der Frage nicht nach, ob vielleicht eine der Dimensionen als Ausgangspunkt besonders geeignet ist, um Veränderungen zu bewerkstelligen, die später auch die anderen Dimensionen durchdringen werden. Es gibt Hinweise dafür, daß, je nach der speziellen Ausgangssituation des Klientsystemes, sowohl die kognitive Dimension (Wissenvermittlung), die evaluative Dimension (bei Haltungsänderungen) wie auch die Dimension der Aktion (z. B. in der Verhaltenstherapie) als Ausgangspunkt für modifizierende Interventionen dienen kann.

Während der *ersten Phase* („unfreezing") werden die Modifikationsmechanismen auf Prozesse konzentriert sein, die das System von nichtadäquaten Lösungsversuchen des Problems wegführen. Bennis, Schein e. a. (1964) deuten ähnliches an, wenn sie von „operating self-image" sprechen; damit meinen sie die Art und Weise, in der man sich selbst, die Situation und andere wahrnimmt.

Im Blick auf die *evaluative Dimension* ist zu sagen, daß in einem toleranten Klima die Notwendigkeit zu nicht-optimalem (oder gestörtem) Reagieren wegfällt. Im Rahmen der *kognitiven Dimension* könnte man von Bewußtmachen der *Dissonanz[2]* sprechen: Das Klientsystem erhält Hinweise darauf, daß seine Wahrnehmung seiner selbst und der Umwelt verzerrt ist. Im Rahmen der T-Gruppentheorie weisen Bradford e. a. (1961) auf die Bedeu-

---

[1] Evaluativ im Sinne von direkter emotionaler Wertgebundenheit und reflexivem Einschätzen (Osgood e. a., 1957).

[2] Festinger (1957) umschreibt Dissonanz folgendermaßen: „ . . . two elements are in a dissonant relation if, considering these two alone, the adverse of one element would follow from the other . . ." (Seite 13) und stellt dabei fest, daß Dissonanz die gleiche Wirkung hat wie „ . . . a state of drive or need or tension".

tung dieses Modifikationsmechanismus hin, wenn sie schreiben: „The learning potential of the T-group lies in its generation of dissonant situations (so long as they are not too overwhelming) and the individual's tendency to want to try to reduce dissonance."* (Seite 427)

In der *Dimension der Aktion* können nicht-adäquate Verhaltensmuster behoben werden, sei es durch absichtlich eingeführte (Ab-)Lehrprozesse oder als Sekundäreffekt von evaluativen und kognitiven Modifikationen[1].

Die erwünschte *Wirkung* der genannten Modifikationsmechanismen in dieser Phase des „unfreezing" könnte man mit „Erhalten *echter Reaktionen*" bezeichnen, das heißt Reaktionen, deren Ursache nicht primär in Abwehrmechanismen, die im Blick auf die wirkliche Bedrohung der Selbstbehauptung durch die Umwelt nicht adäquat sind, liegt.

Während der *zweiten Phase* („moving") kann bei der Neudefinierung der Situation durch das Klientsystem der durch das Dienstleistungssystem gebotene Bezugsrahmen bedeutungsvoll werden.

In der *evaluativen Dimension* können Identifikationsprozesse als Modifikationsmechanismen eingesetzt werden.

In der gebräuchlichen Bedeutung weist Identifikation auf die Übernahme von Verhalten eines anderen, der als „Modell" dient, hin. Kelman (1961) *verwendet diesen Begriff anders, nämlich im Sinne von gemeinsam gehegten, gegenseitigen Erwartungen, die zu einer „self-defining relationship" beitragen. „Identification can be said to occur when an individual accepts influence from another person or group in order to achieve or maintain a satisfying self-defining relationship to the other".***

Es geht hier also nicht um die Übernahme einer Rolle, sondern um „role

---

* Das Lernpotential der T-Gruppe liegt darin, daß dissonante Situationen übernommen werden (soweit sie nicht allzu schwerwiegend sind), sowie in der Tendenz des Individuums, Dissonanzen zu reduzieren.
[1] Wenn man lerntheoretische Konzepte beizieht (z. B. Dollard und Miller, 1950), kann gesagt werden, daß sich Verhalten abschwächt, wenn die durch das alte Verhalten erzielten Gewinne wegfallen. Der Bezug zwischen spezifischen Stimuli („cues") – z. B. der sozialen Umgebung – und der Reaktion wird aufgehoben.
**Von Identifikationen kann dort gesprochen werden, wo ein Individuum akzeptiert, daß es ein anderes Individuum oder eine Gruppe beeinflußt, um so zu einer befriedigenden Definition der eigenen Beziehung zum andern zu kommen oder sie aufrecht zu erhalten.

taking" – das ist das Sehen von Dingen unter dem Gesichtswinkel einer anderen Rolle. Was durch das Klientsystem übernommen wird, sind die Erwartungen, die der Partner an es richtet. Bei einer tiefen Selbsteinschätzung des Klientsystems (verbunden mit einer realistischen Einschätzung durch das Dienstleistungssystem) bedeutet Identifikation im Sinne Kelmans, daß das Klientsystem beginnt, sich selbst „durch die Brille" des Dienstleistungssystems zu sehen, was das Selbstwertgefühl hebt.

In der Phase des „moving" werden beide Typen der Identifikation vorkommen.

Was die klassische Identifikation betrifft, so müssen negative und positive *Identifikation unterschieden werden.*

Unmittelbar nach einem Prozeß des „unfreezing" wird sich das Klientsystem oft in der Beziehung zum Dienstleistungssystem „gefangen" fühlen, hohe Erwartungen hegen, ihm große Macht zuschreiben und dadurch enttäuscht werden. Dies kann zur Folge haben, daß sich gegenläufige Tendenzen entwickeln. Innerhalb der Zweierbeziehung kann sich dies in negativen Übertragungserscheinungen äußern; in der Gruppe treten Phänomene wie „counter-dependence" und „fight reactions" auf (Bennis, Schein e. a., 1964).

Bennis, Schein e. a., 1964) fassen die Bedeutung der Identifikation für Verhaltensänderungen in allgemeinere Begriffe: „The basic mechanism of change is the utilization of inter-personal cues which come from a change-agent with whom the target identifies himself. These cues serve as the basis for redefining the cognitions the target holds about himself, others and the situations in which he finds himself." *

In der *kognitiven Dimension* sehen wir, wie neue Information durch das Klientsystem unverzerrt, wenn auch noch relativ eng an den emotionalen Bezugsrahmen der Beziehung zum Dienstleistungssystem gebunden, aufgenommen werden kann; in einem späteren Stadium dieser Phase wird oft eine größere Autonomie („denial of reciprocity") entstehen und auch Information anderer Quellen akzeptiert werden. Die Dissonanz wird ver-

---

* Der grundlegende Veränderungsmechanismus ist der Gebrauch zwischenmenschlicher Elemente, die der „change-agent", mit dem sich das Zielsystem identifiziert, formuliert. Diese Elemente bilden die Basis, von der aus das Zielsystem die Erkenntnisse, die es über sich selbst, über andere und über die Situation, in der es sich befindet, gewonnen hat, neu definieren kann.

mindert und der Aufbau eines neuen Selbstbildes vollendet. „The process of changing is the actual assimilation of new information resulting in cognitive redefinition and new personal constructs" * (Bennis, Schein e. a., 1964).

In der *Dimension der Aktion* wird das Experimentieren mit neuen Verhaltensmustern den Modifikationsmechanismen in den anderen Dimensionen parallel laufen. Die direkte *Wirkung* besteht im *Akzeptieren* der Veränderung. In der *dritten Phase* („freezing") können wir in der *evaluativen Dimension* die Wiederherstellung einer normalen sozialen und emotionalen Rückkoppelung (bei der das Dienstleistungssystem interpretierend und präzisierend beteiligt sein kann) erkennen; in der *kognitiven Dimension* erfolgt eine Wiederherstellung der normalen (nicht verzerrten) informativen Rückkoppelung. Das gemeinsame Auftreten dieser Erscheinungen führt zu einer realistischeren Selbstwahrnehmung und Sicht der Umwelt. In der *Dimension der Aktion* erkennen wir das Einschleifen neuer Verhaltensmuster. Eine wichtige Funktion der agogischen Aktion in dieser dritten Phase ist die *Auswertung* der Auswirkungen des „moving" und des dadurch verstärkten Erfolges.

Diesen Erfolg möchten wir mit *Integration in das Klientsystem* bezeichnen.

Als weitere Variable unseres Modells nannten wir das *Machtverhältnis* zwischen dem Dienstleistungssystem und dem Klientsystem. Wir haben bereits früher (Seite 28) festgestellt, daß das tatsächliche Machtverhältnis innerhalb einer funktionalen Beziehung der Zusammenarbeit von einer fast völligen Bestimmtheit (1/0-Verhältnis) bis zu einer fast vollständigen Freiheit des Klientsystems (0/1-Verhältnis) reichen kann.

Das tatsächliche Machtverhältnis wird durch verschiedene Faktoren bestimmt, wie zum Beispiel durch das Bestreben und die Möglichkeiten des Dienstleistungssystems, Macht auszuüben, durch die Erwartungen des Klientsystems und durch die Situation, in der sich das Klientsystem befindet.

In dieser letzten Beziehung glauben wir einen gesetzmäßigen Unterschied zwischen den verschiedenen Phasen, die wir in unserem Modell übernahmen, erkennen zu können. Während des „unfreezing" ist das Klientsystem in viel höherem Maße vom Dienstleistungssystem abhängig.

---

* Der Veränderungsprozeß ist die tatsächliche Aufnahme von Information, die zu einer kognitiven Neudefinierung und zum Aufbau neuer Persönlichkeitsaspekte führt.

Diese Situation stimmt wesentlich mit dem überein, was Kelman (1961) mit „compliance" bezeichnet. Kelman spricht dann von „compliance", wenn ein Individuum Beeinflussung durch ein anderes Individuum oder eine Gruppe akzeptiert, um damit eine günstige Reaktion auszulösen oder aufrechtzuerhalten („public conformity without acceptance"). „Compliance" kann entstehen, wenn das Klientsystem dies als Mittel sieht, um ein bestimmtes Ziel zu erreichen oder auch nur um in die Gunst eines anderen zu kommen, oder aber auf Grund eines persönlichen Bedürfnisses, akzeptiert zu werden.

In der ersten Phase wird „compliance" hervorgerufen: Beim Klientsystem herrscht Abhängigkeit und Unsicherheit; das Dienstleistungssystem hat einen gewissen Status, und es wird ihm aufgrund seiner beruflichen Möglichkeiten Macht zugeschrieben. Dies bedeutet, daß die *Position* – nicht die Person – des Dienstleistungssystems im Zentrum steht.

Negativ sind die Auswirkungen vor allem insofern, als beim Klientsystem eine Scheinanpassung auftritt. *Positiv* sind jene Aspekte, die zu einem Einspielen auf die funktionale Beziehung der Zusammenarbeit beitragen. Bei einer therapeutischen Behandlung zum Beispiel wird der Klient auf die therapeutische Arbeit hin trainiert; er muß den Forderungen des therapeutischen Prozesses entsprechen können.

In der Phase des *„moving"* ist die Abhängigkeit des Klientsystems weniger extrem und hat einen eher bedingten Charakter. Bennis, Schein e. a. (1964) schreiben zu dieser Situation: „The person reacts in alternative ways toward others in order to experience their reactions. By observing the reactions of others to his own reactions and finding out more of their standards, he is better able to control the consequences of his own behavior and learn about his own characteristics and limitations. It is as if he were using the environment, or other people's standards, as a mirror to develop a more abstract criterion of his own behavior (Cooley's ‚looking glass self')«* (S. 377).

---

* Das Individuum reagiert in verschiedener Weise auf andere, um so deren Reaktionen kennen zu lernen. Dadurch, daß es die Reaktionen anderer und deren Normen genauer zu erfassen beginnt, wird es in höherem Maße fähig, die Folgen seines eigenen Verhaltens zu überblicken und sich seiner spezifischen Eigenschaften bewußt zu werden. Es ist, als ob es seine Umwelt oder die Normen anderer Indi-

Was die Gruppe als Klientsystem betrifft, so stellen Bennis und Shepard (Bradford e. a., 1964) fest, daß die Phase der Unterwerfung und Auflehnung jetzt vorbei ist, „the power problem is resolved by being defined in terms of member responsibilities ... (‚referent power‘)“.*

Kelmans Konzept der Identifikation („identification") betont für diese Phase die entscheidende Bedeutung der Beziehung (anstelle der Position) zwischen dem Klientsystem und dem Dienstleistungssystem. Es geht dabei um „private acceptance with dependence on the external source".

Wir erachten es daher auch für charakteristisch für diese Phase, daß sie *beziehungsorientiert*, nicht mehr *positionsorientiert* (wie die erste Phase) ist. Die Macht des Dienstleistungssystems basiert auf seiner Fähigkeit, einen Bezugsrahmen bieten zu können, innerhalb dessen das Klientsystem zu einer Wiederherstellung seiner Wertorientierung, seiner kognitiven Funktionsfähigkeit und seines Verhaltens kommen kann.

Die Phase des *„freezing"* ist vorwiegend *sachorientiert*. Das Schwergewicht kommt nun auf die der Veränderung innewohnenden Werte zu liegen. Bennis (1965) spricht in diesem Zusammenhang von „value power", doch muß dabei berücksichtigt werden, daß nicht mehr das Machtverhältnis zwischen Dienstleistungssystem und Klientsystem im Vordergrund steht. Gleichzeitig weist das auf ein Zurücktreten (respektive durch das Klientsystem Abgesetzt-werden!) des Dienstleistungssystems in der bestehenden Beziehung hin; das Klientsystem erreicht ein hohes Maß an Selbständigkeit, die Beziehung ist durch Ablösung charakterisiert.

Wenn Kelman von Internalisation („internalization") spricht, rückt er den Inhalt der Veränderung ins Zentrum („private acceptance without dependence on the external source").

Dies kann nach Kelman bedeuten, daß ein bestimmter Wert (der in Zusammenhang mit der Veränderung steht) als wichtig erlebt wird. Es ist aber auch möglich, daß ein Bedürfnis nach übereinstimmenden Werten entsteht und der betreffende Wert aus diesem Grund internalisiert wird.

viduen als Spiegel gebraucht, um die Grundzüge seines Verhaltens sehen zu können. (Cooley's „Spiegel-Ich")
* ... die Macht des Problems wird gebannt, indem das Problem in bezug auf die Verantwortlichkeit jedes Mitgliedes umschrieben wird ... („referent power").

Modell der Verhaltensmodifikation

Phasen	Ausgangssituation Klientsystem	Veränderungsmechanismen			Machtverhältnisse	Wirkung
		evaluativ	kognitiv	Aktion		
I Unfreezing	exzessiv geschlossen → offen	tolerierendes Klima	Dissonanz	„Auslöschen" alter Verhaltensmuster	persongerichtet	ursprüngliche Reaktion
II Moving	mäßig geschlossen → offen → mäßig geschlossen	defensive Identifikation / positive Identifikation / Verneinung der Gegenseitigkeit	Reduktion der Dissonanz	experimentieren mit neuen Verhaltensmustern	negative Unabhängigkeit / beziehungsgerichtet / Autonomie	Annehmen der Veränderung
III Freezing	mäßig geschlossen → optimal offen	Wiederherstellung der sozialen Rückkoppelung	Konsonanz	einüben neuer Verhaltensmuster	sachgerichtet	Integration

Im Blick auf die Identifikation bringen wir für die zweite Phase noch eine Differenzierung an: *Defensive* Identifikation weist auf eine rebellierende Haltung des Klientsystems hin; *positive* Identifikation kann im Extremfall zu einer starken *Autonomie* des Klientsystems auswachsen, u. a. als Folge einer absichtlichen Schwächung der Interventionen, die die Identifikation fördern sollen („denial of reciproctity"). Dies macht deutlich, daß die Integration in der letzten Phase eigentlich eine doppelte Bedeutung hat (wodurch die reaktive Autonomie durch eine normale interdependente Beziehung zur sozialen Umgebung ersetzt werden kann): sowohl die der Integration in das eigene System wie die der „Verankerung" im Netz der sozialen Beziehungen, von denen das Klientsystem Teil ausmacht, durch eine Abstimmung auf die dort geltenden sozialen Normen.

Bevor ein Modell der Verhaltensmodifikation zur Überprüfung geeignet ist, müssen die in das Modell aufgenommenen Variablen genügend operationalisiert werden. Noch vorher muß aber dieser Versuch eines Modelles durch eines oder mehrere andere Modelle ersetzt werden, die auf gründlichen Vorarbeiten aufbauen. Auch sind die Fragen der Gültigkeit und der Verläßlichkeit der im Modell übernommenen Erkenntnisse, der Operationalisierbarkeit der Variablen und der Relevanz der Variablen im Blick auf die Verwendbarkeit für das Erhellen von Problemen der Praxis zu lösen.

Kapitel 10
Bestimmung der Strategie

Obwohl der Begriff „Strategie" in der Theorie der agogischen Aktion recht häufig verwendet wird, zeigt sich bei genauerer Betrachtung, daß er meist so weit gefaßt wird, daß er mit dem Begriff „Planung" zusammenfällt. So umschreibt zum Beispiel Miles (1964) Strategie als „means (usually involving a sequence of specific activities) for causing an advocated innovation to become succesfully (i. e. durably) installed in an ongoing (educational) system"*.

Eine präzise Umschreibung des Begriffes finden wir in der *Spieltheorie*. Dort wird als besonderes Merkmal eine Strategie angegeben, *daß ihr eine Vorherschau der Wirkungen, die die einzusetzende Aktion bei der anderen Partei auslöst, zugrundeliegt. Eine Strategie gibt an, welche Wahl ein „Spieler" unter all den real möglichen „Gegenzügen" hat* (Neumann, Morgenstern, 1953). Wir wollen nun versuchen zu prüfen, inwiefern in der agogischen Theorie ein analoger Strategiebegriff sinnvoll ist, und dabei auch auf die Frage eingehen, wie der Begriff der Strategie sich zu demjenigen der Planung verhält.

Der Begriff der Strategie

Zuerst müssen wir hier auf die Erscheinung hinweisen, daß eine rationale Analyse dessen, was sich in sozialen Beziehungen, auch in den funktionalen, abspielt, oft auf besonders großen Widerstand stößt.

Haseloff (Jungk, Mundt, 1964) erwähnt einige „regressive Dogmen des sozialen Denkens", die das systematische Denken in der sozialen Aktion behindert haben:

---

* ... Mittel (die gewöhnlich eine Reihe spezifischer Aktivitäten umfassen), um eine als wünschbar erachtete Neuerung erfolgreich (z. B. dauerhaft) in einem bestehenden (erzieherischen [agogischen, d. Ü.]) System herbeizuführen.

1. Der Gedanke, es sei unmöglich, rationale Vorhersagen zu machen, wenn es nicht um naturwissenschaftliche Erscheinungen geht;

2. Die Auffassung, daß das Geheimnis des menschlichen Handelns aus Kräften und Mächten kommt, die außerhalb des Bereiches rationaler Erkenntnis und Beeinflussung liegen;

3. Die Angst, daß Vorhersagen und zukunftsgerichtete Planung die menschliche Kreativität beeinträchtigen, das Niveau des menschlichen Strebens senken und daher für jede Form des menschlichen Zusammenlebens bedrohend sind.

Haseloff dagegen stellt fest, daß Planung lediglich die Fortsetzung und Ausfeilung von Prozessen zum Ziel hat, die sich im täglichen Leben immer wieder abspielen und in der Gestalt von Erwartungen, Prognosen, Einschätzungen, Abwägen von Risiken etc. auftreten.

Planung und Strategie haben übrigens auch keinen deterministischen Charakter; deterministische Denkmodelle sind durch das Postulat charakterisiert, daß zukünftige Ereignisse vollständig und eindeutig durch sich aus der Vergangenheit ableitende Bedingungen bestimmt sind. Dies trifft für das strategische Denkmodell nicht zu. Die Gegebenheiten der Ausgangssituation können die Wirkung nicht eindeutig und vollständig determinieren; es kann allerdings auch keineswegs vor reiner Zufälligkeit gesprochen werden[1]. Im strategischen Modell wird versucht, die Handlungen des Partners vorherzusehen und aufgrund davon zu einem optimalen Treffen der eigenen Entscheidungen zu kommen.

Dieses Vorhersehen kann nicht zu einem deterministischen Modell führen, handelt es sich doch bei allem strategischen Verhalten um *unvollständige* Information über den andern und die zukünftige Situation. Mindestens *zwei* Aktionszentren prägen den Erfolg der Aktion. Haseloff sagt dazu: »In solchen Situationen sind wir genötigt, Annahmen über die zu erwartenden Handlungen des Gegners zu machen. Diese Annahmen müssen durch im Verlauf der Handlung selbst zurückfließende Informationen in möglichst exakt qualifizierte Wahrscheinlichkeiten verwandelt werden, damit eine

---

[1] Neben dem deterministischen und dem strategischen Denkmodell gibt es noch das stochastische Denkmodell: Hier werden mehrere Ereignisse als Möglichkeiten gesehen, wobei aber eines einen hohen Grad an Wahrscheinlichkeit besitzt.

optimale Auswahl aus den im eigenen Reaktionspotential gegebenen Mitteln und Alternativen getroffen werden kann."
Dabei ist zu berücksichtigen, daß das Verhalten der anderen Partei sowohl rational wie irrational sein kann.
Das älteste strategische Spiel ist vermutlich das Schachspiel, das sich später nicht nur als Denksport entwickelt hat, sondern auch in Richtung eines „Kriegsschach", bei dem eine Nachahmung der Grundsituation stattfand (Landkarten). Die ersten Definitionen des Begriffes Strategie wurden denn auch auf dem Gebiet der Kriegsführung geliefert. Von Clausewitz, ein berühmter deutscher Feldherr, umschrieb Strategie als „Gebrauch des Gefechtes zum Zwecke des Krieges"; Moltke als „die praktische Anwendung der einem General zur Erreichung des vorgesehenen Ziels zur Verfügung stehenden Mittel".[1] Offensichtlich reichte die „Fachtheorie" der Kriegsführung aber nicht bis zu tiefergehenden Analysen. Die ersten formalen Modelle, die eine rationale Analyse von Konflikt- und Konkurrenzsituationen ermöglichen sollen, erstellte von Neumann (1953). Der Grundgedanke der modernen strategischen Theorie ist, daß der „Spielraum" der logischen Möglichkeiten durch Wahrscheinlichkeitsberechnungen möglichst weitgehend eingeschränkt wird. Anstatt alle möglichen Entscheidungssituationen zu beschreiben und zu analysieren – was eine unmögliche Aufgabe wäre – werden *Entscheidungsrichtlinien* festgelegt, die eine optimale Selektion der Handlungen in einem bestimmten Augenblick ermöglichen.
Die Rationalität der Entscheidung wird dabei wesentlich davon abhängen, in welchem Maße die Unsicherheitsfaktoren ausgemerzt werden konnten. Eine gründliche Verarbeitung der verfügbaren Information ist daher erste Bedingung für eine effektive Strategie.

Es wird versucht, die Unsicherheitsfaktoren (das Risiko) so stark wie möglich mit rationalen Mitteln zu beherrschen. Allgemein formuliert kann man festhalten, daß, je höher die Erwartungen und das Aspirationsniveau sind, desto größer auch das Risiko ist; umgekehrt wird eine vorbeugende Aufhebung des Risikos auch die Chance auf Erfolg beschränken.
Damit ist das Problem der Feststellung des zulässigen Risikos erst angeschnitten. Allerdings ist soviel deutlich, daß ein Zusammenhang zwischen

---

[1] Zitiert durch Haseloff (Jungk, Mundt, 1964).

dem Risiko einerseits und der Verfügbarkeit von relevanter Information andererseits besteht.
Haseloff stellt für das Angehen dieses Informationsproblems folgende Richtlinien auf:
- *präzises Festlegen der im Blick auf das zu behandelnde Problem relevanten Information;*
- *besseres Auswerten der verfügbaren Information nach Gesichtspunkten der Zuverlässigkeit, der Zutreffendheit etc.;*
- *durch operationale Bearbeitung verfügbar machen der Information im Blick auf die Beschlußfassung (sei es durch Berechnung oder mit Hilfe von Faustregeln).*

Obwohl äußerst schwierig zu sagen ist, wann ein Entscheid optimal rational ist, – vor allem da, wo es an Information fehlt und exakte Risikomessungen nicht möglich sind – kann die Rationalität von Entscheidungen im allgemeinen und auch im Rahmen der agogischen Aktion dadurch gefördert werden, daß folgende Grundregeln zur Bestimmung der Strategie möglichst genau befolgt werden: Möglichst präzises Abschätzen der *Wahrscheinlichkeit* von Wirkungen bestimmter Interventionen bei gleichzeitigem, möglichst gutem Erfassen der *Wünschbarkeit* dieser Wirkungen (was von den Endzielen her zu beurteilen ist). So kann durch Kombination dieser beiden Gesichtspunkte (Wahrscheinlichkeit und Wünschbarkeit) die Wahl der geeigneten Beeinflussungstechniken vorgenommen werden.

Strategie und Planung

Soweit uns bekannt ist, wurde bisher nur einmal ernsthaft der Versuch unternommen, spieltheoretische Erkenntnisse auf jene Bereiche zu übertragen, in denen nicht mehr ausschließlich von „Gegnern" in einer reinen Konfliktsituation gesprochen werden kann, sondern wo es auch um die eine oder andere Form der Zusammenarbeit auf der Basis der gegenseitigen Abhängigkeit geht.
Diesen Versuch unternahm Schelling (1960), der die Spieltheorie so erweitern will, daß am einen Ende der Skala von Situationen, auf die sich die Theorie bezieht, die reinen *Konfliktsituationen* (die sogenannten „nul-som-Spiele") stehen, während am anderen Ende der Skala die reinen *Situationen der Zusammenarbeit* (kooperative Spiele) zu finden sind. In der Mitte der Skala

ist dann jene Situation, in der sich Konflikt und Zusammenarbeit abwechseln (die sogenannten *gemischten Spiele*).

Auch in der Situation der Zusammenarbeit lassen sich Merkmale der Strategie erkennen: die beste Wahl der einen Partei hängt unter anderem von der Reaktion ab, die sie von der anderen Partei erwartet – und diese Reaktion hängt wiederum davon ab, was von der ersten Partei erwartet wird. Durch diese Wechselbeziehung der Erwartungen unterscheidet sich das Spiel der Zusammenarbeit vom Glücksspiel (dem stochastischen Modell) und dem Geschicklichkeitsspiel (dem deterministischen Modell).

Es erhebt sich nun die Frage, wie sich die funktionale Zusammenarbeit – wie wir sie im Rahmen der agogischen Aktion umschrieben haben – von Schellings Theorie her charakterisieren läßt.

Deutlich ist, daß es sich nicht um eine reine Konfliktsituation (ein 1/1-Verhältnis im Sinne des Machtspektrums von Seite 28) handelt. Kann aber von reiner Zusammenarbeit im Sinne von Schelling gesprochen werden? Oder ist die Situation in die Kategorie der gemischten Spiele einzureihen?

Wir denken, daß die Situation der funktionalen Zusammenarbeit im Rahmen der agogischen Aktion die Merkmale des gemischten Spieles („mixed motive games") aufweist, was bedeutet, daß die Konfliktelemente nicht fehlen.[1] Schelling differenziert die gemischten Spiele noch weiter, was uns ermöglicht, auch den Ort der agogischen Strategie noch präziser zu bestimmen. Auf die (Sub-)Skala der gemischten Spiele setzt Schelling am einen Ende die Situation *des gemischten Spieles mit ausgemerztem Konflikt,* am andern Ende die Situation des *gemischten Spieles mit ausgeschalteter Zusammenarbeit.*

Aufgrund dieser Einteilung möchten wir die Art der agogischen Strategien näher bestimmen als eine gemischte Strategie mit Tendenz zur Ausschaltung des Konfliktelementes.

Schelling hat den Versuch unternommen, die Lösungskonzepte der klassischen Spieltheorie (mit Bezugnahme auf Konfliktsituationen) in Begriffe der Koordination zu „übersetzen".

Als wesentliche Unterschiede zwischen einer Konfliktstrategie und einer gemischten Strategie sind folgende zu nennen:

1. Bei einer Konfliktstrategie ist es wichtig, die eigenen Absichten vor dem

---

[1] Mit Bezug auf operationelle Ziele und Mittel.

Gegner geheimzuhalten, bei der gemischten Strategie dagegen müssen gerade diese Absichten möglichst unverzerrt übermittelt werden.

2. Die gemischte Strategie hat asymmetrischen Charakter; nicht alle Züge lassen sich mit Hilfe einer symmetrischen Struktur der Züge neutralisieren (Schelling, 1960). Diese Asymmetrie weist in der funktionalen Beziehung der Zusammenarbeit ein besonderes Merkmal auf. Die Art des „psychologischen Kontraktes" (ein Begriff, den Schein 1965 verwendet) schließt ein, daß das Dienstleistungssystem bewußt das eigene Verhalten einschränkt (d. h. soziale Techniken einsetzt), um das Verhalten des Klientsystems zu erweitern (d. h. verbessertes Verhalten zu ermöglichen). Auch Jones und Thibaut (1965) sprechen über Asymmetrie in der therapeutischen Interaktion; sie beziehen sich damit auf das *standardisierte* Verhalten des Dienstleistungssystems und die *variablen Reaktionen* der anderen Partei.

Schelling sieht die Möglichkeit einer Weiterentwicklung der Spieltheorie im Blick auf die gemischten Strategien in zwei Richtungen:

1. Genauere Erfassung der Elemente der Wahrnehmung und der Suggestion bei der Bildung eines wechselseitigen, festgefügten Ganzen von Erwartungen und

2. genauere Identifizierung einiger grundlegender „Züge" in dieser Strategie und der strukturellen Elemente, auf denen diese Züge beruhen. Dabei denkt Schelling an Konzepte, wie an „Drohung", „Versprechen" und die Fähigkeit zur Kommunikation oder Verunmöglichung der Kommunikation.

In bezug auf die Frage, inwieweit Erwartungen hinsichtlich einer weiteren Übertragung spieltheoretischer Erkenntnisse gerechtfertigt sind, glauben wir gute Gründe zu haben[1], um diese Erwartungen nicht allzuhoch anzusetzen:

1. Wenigstens im jetzigen Augenblick beruht die Spieltheorie noch in hohem Maße auf der Analyse von Interessengegensätzen (Konfliktsituation). „The problem for each player is: what choice should he make in order that his partial influence over the outcome benefits him most? He is to assume that each of the other players is similarly motivated" *. *(S. 7)*

---

* Das Problem, das sich jedem Spieler stellt, ist folgendes: in welcher Richtung soll er seinen Entscheid treffen, um seinen Anteil am Zustandekommen des Schlußresultates optimal zu seinen Gunsten nutzen zu können? Dabei muß er annehmen, daß alle anderen Spieler von einer ähnlichen Motivation geleitet werden.

[1] Formuliert durch Luce und Raiffa, 1957.

2. *Die Spieltheorie stammt von der Mathematik und nicht von den Verhaltenswissenschaften ab. Dies behinderte einerseits die Sicht der Anwendungsmöglichkeiten innerhalb der agogischen Theorie. Andererseits führte es zu einer beträchtlichen Überschätzung der Bedeutung mathematischer Modelle für Vorhersagen von sozialen Phänomenen. „In many ways social scientists seem to want from a mathematical model more comprehensive prediction of complex social phenomena than ever been possible in applied physics and engeneering; it is almost certain that their desire will never be fulfilled, and so either their aspirations will be changed or formal deductive systems will be discredited for them" * (S. 7)*

3. *Einige Skepsis ist angebracht in bezug auf die Möglichkeit, zu spieltheoretischen formalen Analysen der kooperativen Spiele zu kommen, wie dies bei den „nul-som-Spielen" der Fall war (Seite 1).*

Phasen der Planung

Aufgrund der obengenannten Merkmale einer agogischen Strategie glauben wir, daß es nötig und möglich ist, das Bestimmen der Strategie als *eine* Form der Planung aufzufassen, die in der agogischen Aktion vorgenommen werden sollte. Die verschiedenen Arten der Planung könnte man folgendermaßen bezeichnen:

– *Festlegung von Richtlinien*
– *strategische Planung*
– *taktische Planung.*

Diese Arten der Planung sind sowohl „Lagen" wie „Phasen" der Planung; dies bedeutet, daß über die Festlegung der Richtlinien, der strategischen Planung und der taktischen Planung der Weg vorgezeichnet wird, der zur aktuellen Interaktion zwischen dem Dienstleistungssystem und dem Klientsystem führt und eine *Spezifizierung* der Vorbereitung der Aktion bein-

---

* Sozialwissenschaftler scheinen sich in verschiedenen Hinsichten von einem mathematischen Modell umfassendere Vorhersagen in bezug auf komplexe soziale Phänomene zu versprechen, als in der angewandten Physik oder in den technischen Richtungen je möglich wären; es ist so gut wie sicher, daß ihre Erwartungen nie erfüllt werden können, so daß sie entweder ihre Ansprüche werden reduzieren müssen, oder aber dazu kommen, formale deduktive Systeme überhaupt zu verwerfen.

haltet. Die drei Formen der Planung sind denn auch durch diesen „Lagen"-Charakter bestimmt: In der Festlegung von Richtlinien werden die Möglichkeiten der agogischen Planung abgesteckt, während in der strategischen Planung die Grenzen hinsichtlich der möglichen taktischen Planung gezogen werden. Die Reihenfolge ist zwingend; die Festlegung der Richtlinien muß zuerst erfolgen, erst dann kann sich die strategische Planung und anschließend die taktische Planung vollziehen.

Wir werden in der Folge von Phasen sprechen, wobei wir implizieren, daß diese sich zueinander wie „Lagen" im oben beschriebenen Sinne verhalten.

Die *erste Phase* der Planung nannten wir die *Festsetzung von Richtlinien*. Diese umfaßt folgendes:

1. Das Abschätzen und Messen aller als relevant betrachteten Faktoren, sofern diese ihren Ursprung *außerhalb* der Aktion zwischen dem Dienstleistungssystem und dem Klientsystem haben;
2. eine Spezifizierung der angestrebten verbesserten Situation;
3. eine Selektion der vorzuziehenden Strategien.

Beim Besprechen der Phasen der agogischen Aktion (Kapitel 5) befaßten wir uns ausführlich mit der unter 1. genannten als relevant betrachteten Faktoren: dem Ausmaß, in dem das Bedürfnis nach Veränderung vorhanden ist; der Diagnose der angestrebten verbesserten Situation; der Diagnose der Ausgangssituation; dem Abschätzen des Einflusses situationsbedingter Faktoren und dem Abschätzen der Tragfähigkeit des Klientsystems.

Im Anschluß daran muß eine Operationalisierung der Ziele vorgenommen werden. Zum Schluß ist eine erste Selektion im Blick auf das Vorgehen beim Einführen der gewünschten Veränderung nötig. In der Praxis wird dies noch oft ganz einfach mit der Wahl einer der bestehenden agogischen Arbeitsmethoden gleichbedeutend sein. Wir haben weiter oben (Seite 126) erwähnt, daß es auf Grund der sozial-technologischen Theorie zu einer Schwächung des starren Bezuges zwischen Arbeitsweisen und Institutionen kommen wird. In diesem Zusammenhang wollen wir den Begriff der „präferenten Strategien" gebrauchen.

Die *zweite Phase* der Planung ist die der *strategischen Planung*. Strategische Planung umfaßt folgendes:

1. Das Abschätzen aller als relevant betrachteten Faktoren (Zufallswirkungen, natürliche Entwicklungen, tatsächliche und zu vermutende Reaktionen), soweit diese ihren Ursprung innerhalb der Interaktion zwischen

Dienstleistungssystem und Klientsystem haben und vor der Intervention auftreten;

2. das Zusammenstellen einer Strategie (als „Gestalt" einfacher Techniken) durch

a) das Abschätzen oder Berechnen der Chancen, daß eine bestimmte Wirkung eintritt;

b) das Abschätzen oder Berechnen der Wünschbarkeit der möglichen Wirkungen;

d) das Festsetzen der Entscheidungskriterien.

Zwei Richtungen der Entscheidung können dabei vorgesehen werden, da sie beide für die „gemischten" Strategien Gültigkeit besitzen: Die *Maximin*-Richtlinien (das Maximalisieren der am stärksten gewünschten Resultate) oder die *Minimax*-Richtlinien (das Minimalisieren des größten Risikos).

In Wirklichkeit werden beide Arten – manchmal implizit, manchmal explizit – bereits angewandt. Im Bereich der Jugendfürsorge kann zum Beispiel eine Fremdplazierung derjenige Eingriff sein, der die meisten Möglichkeiten bietet, der aber im Falle eines Fehlschlages auch die schwersten Folgen haben wird. Der darin enthaltene Unsicherheitsfaktor kann durch das Sammeln von möglichst viel verwertbarer Information über die relevanten Faktoren vermindert werden; solche Information kann sich unter anderem auf die Reaktion der Eltern und des Kindes, auf die Qualität der reellen Plazierungsmöglichkeiten in einer Pflegefamilie oder einem Heim etc. beziehen.

Der entscheidende Unterschied zur Festlegung von Richtlinien ist der *dynamische* Charakter der Strategie – der auch einen schnelleren Wechsel der Strategie zur Folge hat – der auf der Verwendung von Gegebenheiten in Form einer Rückkoppelung während der Interaktion mit dem Klientsystem basiert. In dieser Hinsicht ist es sinnvoll, zwischen *Anfangs-* und *Folgestrategie* zu unterscheiden. Die Anfangsstrategie schließt direkt an die Planung der Richtlinien an; hier spielen die diagnostische Information sowie Informationen über situationsbedingte Faktoren eine zentrale Rolle. Was die Gegebenheiten aus der direkten Interaktion betrifft, so kann es nur um ein Vorhersehen der Reaktionen gehen. Erst in einer Folgestrategie können die *wirklichen* Reaktionen („feedback") bedeutungsvoll werden und zu einem genaueren Abschätzen zukünftiger Reaktionen beitragen. Die Bestimmung der Strategie wird, unter dem Gesichtspunkt eines agogischen

Aktionsvorganges gesehen, eine Entwicklung von global zu detailliert, von stark wechselnd nach beständig, von geringerer nach umfassenderer Vorhersehbarkeit erfahren.

Im untenstehenden Schema ist der Zusammenhang zwischen Anfangsinformation und der später aus der Interaktion resultierenden Information dargestellt. Jede Information wird der Prognose und der Auswertung unterworfen; danach werden die Entscheidungskriterien angelegt.

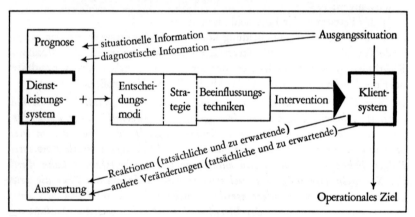

Strategie, wie sie in der agogischen Aktion angewandt werden kann, läßt sich somit umschreiben als *organisiertes Spektrum von Beeinflussungstechniken, das aufgrund aller relevanten verfügbaren Information (die der Prognose und Auswertung unterzogen wird) und unter Verwendung vorgegebener Richtlinien erstellt werden konnte, und das auf die optimalen Möglichkeiten für das Einführen der gewünschten Veränderung nach Abwägen aller vorhersehbaren Reaktionen des Klientsystems und aller anderen vorhersehbaren Veränderungen relevanter Faktoren hinweist.*

Als *dritte Phase* der Planung kann schließlich die *taktische Planung* bezeichnet werden. Sie umfaßt folgendes:

1. das Abschätzen aller relevanten Faktoren, soweit diese ihren Ursprung innerhalb der *direkten* Interaktion zwischen dem Dienstleistungssystem und dem Klientsystem haben;

2. a) Die Auswahl einer Beeinflussungstechnik aufgrund der vorgegebenen Richtlinien;

b) die Wahl der Intervention (nach *Form* und *Inhalt*). Aufgrund der Strategie muß, wenigstens hinsichtlich der Reihenfolge, eine Wahl zwischen den einzelnen Beeinflussungstechniken (die hier als einfache[1] Techniken aufgefaßt werden, wie zum Beispiel emotionale Stützung, Vermitteln von Einsichten, Abgeben von Information etc.) getroffen werden. Solche einfache Techniken wollen wir definieren als *eine potentielle Verhaltensweise, die implizit oder explizit auf Prinzipien der Verhaltensmodifikation beruht, die das Spektrum der Interventionen bestimmt und durch die ein bestimmter Modifikationsmechanismus in Gang gebracht werden kann.*

Techniken und Interventionen

In den verschiedenen Phasen der agogischen Aktion (siehe Modell in Kapitel 9) ist oft die Sprache von präferenten Techniken.

In der Phase des „unfreezing" spielen die Verhalten provozierenden Techniken eine bedeutende Rolle; Verhaltensänderungen aufgrund von Interventionen des Dienstleistungssystems können ohne Interaktionen nicht stattfinden. *Verhalten provozierende* Techniken sehen wir vor allem da, wo starke Widerstände vorhanden sind und die Kommunikation zwischen Dienstleistungssystem und Klientsystem zu versanden droht. Aber auch in Situationen, in denen wenig Widerstände auftreten, kann es nötig sein, die Kommunikation durch Interventionen (z. B. Fragen) zu fördern.

Während des „moving" stehen die *Verhalten modifizierenden* Techniken im Zentrum: Das Vermitteln von Einsichten, psychoanalytische Deutungen, Interpretationen durch den Gruppentrainer etc. Beim „freezing" dagegen muß den *Verhalten stabilisierenden* Techniken die größte Bedeutung zugemessen werden; in der Praxis der agogischen Aktion ging man allerdings oft von der Annahme aus, daß sich die Stabilisierung als eine Art automatische Nachwirkung der direkten Wirkungen von selbst vollzieht. Es gibt aber Hinweise darauf, daß das Treffen eines Entscheides und der Grad von Konsensus in der Gruppe (wenn das Klientsystem eine Gruppe ist) im Blick auf die Erreichung eines stabilen Zustandes kritische Faktoren sein können (Lakin, Carson, 1966).

Bedeutend mehr Aufmerksamkeit wurde den *Techniken der Auswertung*

---

[1] Man könnte Strategie als vielfache Technik bezeichnen.

geschenkt. Hier handelt es sich allerdings manchmal um Techniken, die stärker auf das Erfassen der *unmittelbaren* Wirkungen der Aktion als auf die Nachwirkung gerichtet sind. Auswertungstechniken können selbst stabilisierend wirken (aber auch neue Unsicherheit hervorrufen). Das Messen eines Dauereffektes bietet große Schwierigkeiten, wenn es um teure und zeitraubende Untersuchungen geht, und besonders, wenn es sich um innerhalb der agogischen Aktion durch die Leitung des Projektes gehandhabte Maßtechniken handelt. Als Hinweis auf die Probleme in Zusammenhang mit Messungen möge der sogenannte „sleeper-Effekt" (Hovland, Lunsdaine und Sheffield, 1949) gelten: Was der Mensch lernt, wird im späteren Erleben manchmal vollständig von der ursprünglichen Lernquelle gelöst und z. B. selbständig gereiften Einsichten oder anderen Faktoren zugeschrieben.

Schließlich ist noch zu erwähnen, daß wir glauben, erst auf der Ebene der *Intervention* mit Perlman einiggehen zu können, wenn sie von der Arbeitsweise des Sozialarbeiters als von einer höchstpersönlichen Fähigkeit, von einer „Kunst" spricht (Seite 158).

Der Begriff der *Intervention* wird unter anderem von Whitaker und Lieberman (1965), Bennis (1965), Dijkhuis (1964) verwendet. Trotz der sich leicht ergebenden Assoziation mit direktivem Eingreifen glauben wir, daß dieser Begriff recht genau das wiedergibt, was wir meinen: das Eingreifen in die spontane Interaktion zwischen Dienstleistungssystem und Klientsystem durch *bewußtes verbales oder nicht-verbales Verhalten des Dienstleistungssystems, wodurch Modifikationsmechanismen in Gang gesetzt werden.* Der Begriff der Intervention trägt unserer Meinung nach auch dem spontanen, nicht vorhersagbaren Moment, das jede Interaktion enthält, angemessen Rechnung. Die funktionale Beziehung der Zusammenarbeit umfaßt Interaktionen auf der Ebene der zwischenmenschlichen *Begegnung* – einen Aspekt, auf den wir im folgenden Kapitel eingehen wollen –, weshalb wir es vorziehen, von „Intervention" und nicht vom „Umgang mit Beziehungen" (ein anderenorts häufig verwendeter Begriff) zu sprechen. Dazu kommt noch, daß sich der Begriff „Intervention" über die direkte Beeinflussung von Verhalten hinaus auch im Sinne der Veränderung situationsbedingter Faktoren verstehen läßt (Harvey e. a. sprechen in diesem Zusammenhang von „environmental planning"). Dies bestätigt die Brauchbarkeit dieses Begriffes ebenfalls.

Kapitel 11

Varianten der funktionalen Zusammenarbeit

Die Umschreibung der Beziehung zwischen dem Dienstleistungssystem und dem Klientsystem, die wir weiter oben (Seite 34 f.) gaben, sollte eine erste Abgrenzung der agogischen Beziehung gegenüber anderen Arten von Beziehungen ermöglichen.

Wenden wir uns aber jetzt nochmals der grundlegenden sozial-technischen Frage zu: Welche Art der Beeinflussung wird aller Wahrscheinlichkeit nach und unter welchen Bedingungen eine gewünschte Wirkung herbeiführen? Daraus ergibt sich unmittelbar die Frage, wieweit innerhalb der agogischen Beziehung Differenzierungen vorgenommen werden müssen. Hier sind nun allerdings nicht Differenzierungen gemeint, die in der Geschichte oder in der Trennung nach Arbeitsgebieten begründet sind, sondern Differenzierungen nach sozial-technischen Gesichtspunkten.

Wir können diese Frage nicht beantworten, sondern nur einen möglichen Weg, auf dem die Antwort gesucht werden könnte, aufzeigen: Es müßten gründliche empirische Untersuchungen angestellt werden, um Hypothesen, die sich auf Varianten der funktionalen Beziehung der Zusammenarbeit und ihr Auftreten in der Praxis beziehen, zu überprüfen.

Personorientierte und sachorientierte Ebene

Die agogische Beziehung ist *eine* der Arten zwischenmenschlichen Umgangs durch Beziehungen; das heißt, daß es dabei um „einen Umgang zwischen zwei oder mehreren Menschen geht, bei dem die Personen auf die eine oder andere Weise aufeinander reagieren oder sich der gegenseitigen Anwesenheit bewußt sind, und wobei dieser Umgang nicht notwendigerweise dauernden Charakter haben muß" (Defares, 1963). Es geht also um das soziale Verhalten von zwei oder mehreren Menschen und um das Entstehen von kommunikativen und interaktionellen Prozessen.

Wir kamen bereits früher zum Schluß, daß die agogische Beziehung das Merkmal der *funktionalen Zusammenarbeit* aufweist. Das „Zusammen-

Können" ist für diese Art der Beziehung typisch; sie unterscheidet sich dadurch vom „Angehören" der konventionellen Beziehung und vom „affektiven Streben" der personorientierten Beziehung.

Die Merkmale dieser Beziehung nach Defares sind:
– die Beziehung entsteht auf Grund einer aktuellen Aufgabenstellung;
– die Aktivität in dieser Beziehung ist durch die Aufgabe strukturiert;
– die andere Partei wird bei der Ausübung der Aufgabe als Mitarbeiter gesehen;
– die Vorhersehbarkeit der Interaktion ist höher als bei einer persönlichen Beziehung, aber geringer als bei einer konventionellen Beziehung;
– das innerpsychische Erleben des andern ist nur insofern relevant, als es sich auf das Erfüllen der Aufgabe in Zusammenarbeit mit dem Partner bezieht.

Bevor wir nun versuchen, innerhalb der funktionalen Beziehung der Zusammenarbeit weitere Differenzierungen anzubringen, scheint es uns nötig, zuerst Defares' Begriff der funktionalen Beziehung der Zusammenarbeit näher auf die Elemente hin, die darin enthalten sind, zu analysieren.

Die „Innerlichkeit" (= gefühlsmäßiges Engagement), von der Defares spricht, ist unserer Meinung nach nicht zufällig vorhanden, sondern bildet einen sehr wesentlichen Bestandteil dieser Beziehung. Wir wollen denn auch in der funktionalen Beziehung der Zusammenarbeit eine Ebene des gefühlsmäßigen Aufeinander-Bezogenseins (*personorientierte* Ebene) und eine Ebene der direkten Bezogenheit auf die Aufgaben (*sachorientierte* Ebene) unterscheiden.

Wir glauben, daß hier wohl von Ebenen gesprochen werden kann, da die Personorientiertheit – im Sinne des gefühlsmäßigen Aufeinander-Bezogenseins – Bestandteil jeder zwischenmenschlichen Beziehung ist. Wir sehen diese Ebene in der funktionalen Beziehung der Zusammenarbeit als „Fundament" für die sachgerichtete Ebene. Die Ansicht, daß die Beziehung tatsächlich erst durch das personorientierte Funktionieren tragfähig wird, können wir unter anderem mit den gruppenpsychologischen Konzepten des „maintainance" und der „Sachebene" untermauern; in diesen Konzepten werden Funktionen der Gruppe in ähnlicher Weise unterschieden.

Diese Ebenen werden jedoch nicht immer erkannt. Wenn Jones und Thibaut (1965) von „Klassen" von Interaktionen sprechen und dabei die asymmetrische Interaktion neben die symmetrische Beziehung stellen, wird es schwierig, den Ort der agogischen Beziehung zu bezeichnen. Sie gehen so weit, daß sie zum Beispiel eine therapeutische Beziehung als „simulierte" Gegenseitigkeit umschreiben. Es erscheint ihnen als das Paradoxon der therapeutischen Beziehung, daß der Therapeut den Patienten auf eine persönliche Beziehung (die durch Affektivität bestimmt ist) hinlenken soll, während der Therapeut weiterhin dem beruflichen Modell entsprechend vorgeht. Die Gegenseitigkeit scheint uns jedoch in diesem Fall nicht simuliert, sondern echt zu sein; dem Menschen wird als Mitmensch begegnet. Die Interaktion ist auf dieser Ebene rein gegenseitig-symmetrisch.

Wir glauben, daß Rogers diese personorientierte Ebene meint, wenn er fordert, daß die helfende Beziehung auf einer innerlich kongruenten (echten) Haltung des Therapeuten beruhen muß. Gefühle, die für die Beziehung von Bedeutung sind, dürfen vor dem Therapeuten oder vor der anderen Partei nicht verborgen werden. Zur Ebene der Personorientiertheit gehören aber auch die uneingeschränkt positiven Gefühle, die der Therapeut für die andere Partei empfinden muß; seine Bereitschaft, den anderen ganz zu akzeptieren, ihn in seiner Eigenheit zu respektieren und ihn als einen entwicklungsfähigen Menschen, nicht als ein diagnostiziertes Problem, zu sehen (Rogers). Dies führt bei Rogers zur Schlußfolgerung, daß „... the optimal helping relationship is the kind of relationship created by a person who is psychologically nature" [*] [1].

Unserer Meinung nach ist damit jedoch nur die personorientierte Ebene der Beziehung charakterisiert. Daneben besteht die sachgerichtete Ebene: Das Dienstleistungssystem nimmt Verhaltensweisen des Klientsystems wahr, diagnostiziert sie und bestimmt in Übereinstimmung damit den Einsatz der sozialen Techniken.

Diese Techniken sind, so glauben wir, nicht für die *gesamte* Beziehung kennzeichnend, schränken aber die Breite der Improvisationsmöglichkeiten ein. Das Verhältnis zwischen den beiden Ebenen sehen wir wie folgt:

1. Angemessenes personorientiertes Funktionieren ist Bedingung für ein effektives sachgerichtetes Funktionieren;
2. Es muß ein Gleichgewicht zwischen beiden Ebenen vorhanden sein. Der

---

[*] ... die optimale Beziehung ist jene Art der Beziehung, die von einem Individuum, das psychologisch gesehen echt ist, ausgeht. In: Bennis e. a., 1964.
[1] In: Bennis e. a., 1964.

Agoge ist dauernd in Gefahr, lediglich Techniken anzuwenden und die erste Ebene zu vernachlässigen; das Klientsystem dagegen hat oft die Tendenz, die Ebene der Sachgerichtetheit zu übergehen. Die Spannung zwischen den beiden Ebenen wird durch Rümkes berühmte Forderung hinsichtlich der therapeutischen Beziehung treffend aufgezeigt: „Maximale Annäherung bei optimaler Distanz".
Das Gesagte schließt allerdings nicht aus, daß dieses Gleichgewicht nicht für verschiedene Varianten der funktionalen Zusammenarbeit verschieden sein kann.

Der Bezug zur Ausgangssituation

Als Kriterium für eine weitere Unterscheidung der Arten der funktionalen Zusammenarbeit wollen wir die *Art der Ausgangssituation des Klientsystems* nehmen. Die Beeinflussungstechniken müssen ja auf diese Ausgangssituation abgestimmt sein (Harvey, e.a., 1961). Zur Erfassung der Unterschiede in der Ausgangssituation wollen wir eine Dreiteilung gebrauchen, die im allgemeinen den drei gesellschaftlichen Funktionen der agogischen Aktion (Sozialarbeit – inklusive geistiger Gesundheitspflege und Heimerziehung –, soziale Begleitung und Bildungsarbeit) entspricht. Diese Dreiteilung umfaßt:
– Ausgangssituationen mit *Störungen*
– Ausgangssituationen, die durch *nicht-optimales* Funktionieren gekennzeichnet sind
– Ausgangssituationen, die durch *optimales* Funktionieren gekennzeichnet sind.
Bei all diesen Arten von Situationen kann der Einsatz agogischer Aktion angezeigt sein: Um Störungen zu beheben, um die Anpassung an die gesellschaftliche Situation optimaler zu gestalten, oder um das gesamte Funktionieren auf eine höhere Ebene zu heben. Was nun den Unterschied zwischen den Ausgangssituationen betrifft, so ist dieser zwischen der gestörten Situation und den übrigen Ausgangssituationen am größten. Während in der gestörten Situation die (psychische und/oder soziale) Pathologie vorherrscht, bilden ausgeprägte pathologische Züge in den andern Situationen (Bildungssituationen und soziale Begleitung) gerade eine Gegenindikation zum Einsatz bestimmter Formen agogischer Aktion.

Dies bedeutet nicht, daß, vor allem in der Situation der sozialen Begleitung, nicht dauernd Überschreitungen der Grenze zum therapeutischen Vorgehen drohen. Das „Sensitivity Training" zum Beispiel richtet sich nun einmal auf den individuell-psychologischen Aspekt des Funktionierens und will kulturelle Hindernisse für die persönliche Entwicklung beheben; dabei stößt man unweigerlich auf das Gebiet der Sozio-Neurosen.
Defensive Reaktionen können in der Situation der Trainingsgruppe vorkommen, dürfen aber nicht vorherrschend sein. Die Ziele der T-Gruppe (das Ermöglichen größerer Bewußtheit der emotionalen Reaktionsweisen seiner selbst und anderer und effektiveren Gestaltens des Sozialwesens) können nur dann erfolgreich angestrebt werden, wenn die Wahrnehmung (seiner selbst wie der anderen) nicht allzu stark verzerrt ist.
Ein wichtiger Unterschied zwischen den Ausgangssituationen liegt in der Zugänglichkeit des Systems. In unserem Modell der Verhaltensmodifikation haben wir den Grad der Offenheit respektive Geschlossenheit, das heißt die Aufnahmefähigkeit des Klientsystems für externe Ereignisse, aufgeführt. Überall dort, wo das System extrem geschlossen oder extrem offen ist, ist *therapeutische* Hilfe am Platz. Sowohl pathologische Abwehr wie Desintegriertheit stellen an die Arbeitsbeziehung zwischen Klientsystem und Dienstleistungssystem besondere Anforderungen.
Der Unterschied, den wir in bezug auf die Ausgangssituation machten, läßt sich in anderen Aspekten der Situation wiedererkennen, vor allem in der *Diagnosestellung,* in der *Art der Verhaltensmodifikation,* im *Machtverhältnis* und im *Verhältnis zwischen den Ebenen des personorientierten respektive sachorientierten Funktionierens.*
Was die *Diagnosestellung* betrifft, so sehen wir, daß das Ausmaß, in dem das Klientsystem aktiv an diesem Prozeß beteiligt ist, stark von der Ausgangssituation abhängt. Bei einem wesentlich gestörten Funktionieren ist auch die Selbstwahrnehmung und -einschätzung erheblich gestört, wodurch die Basis für aktive Mitarbeit wegfällt. Als äußerstes Extrem wäre hier eine Situation denkbar, in der die Diagnosestellung keine interaktionellen Elemente mehr aufweist, sondern ausschließlich auf Grund eines Denkprozesses des Therapeuten zustande kommt. Am anderen Ende der Skala sind jene Situationen, die zum Beispiel in der Bildungsarbeit auftreten können, und wo von einer „Selbst-Diagnose" gesprochen werden kann, bei der der agogischen Aktion lediglich die Funktion des Verfügbarmachens des „Instrumentariums" (z. B.

Information) für das selbständige Lösen von Problemen zukommt. Zwischen diesen beiden Extremen sind alle möglichen Abstufungen einer Diagnosestellung zu finden, bei der das Klientsystem deutlich beteiligt ist – sei es in der aktiven Form einer gemeinsam erstellten oder in der passiven Form einer übermittelten Diagnose. Bei der sogenannten „instrumented T-group" liegt der Akzent sehr deutlich beim Klientsystem: Der Trainer vermittelt nur diagnostische Instrumente, wie zum Beispiel Grundmaterial für Messungen etc., damit die Gruppe selbst die zentralen Punkte herausarbeiten kann. In anderen Trainingssituationen beteiligen sich die Trainer aktiver an den diagnostischen Aktivitäten, meist in der Form von interpretierenden, stimulierenden oder provozierenden Interventionen.

Auch die *Verhaltensmodifikation* verläuft entsprechend den verschiedenen Ausgangssituationen unterschiedlich. Beim Vorhandensein von Störungen ist der Eingriff am tiefstgehenden, da hier das *totale* Funktionieren beeinflußt werden muß. Bei normalen, wenn auch nicht optimalen Situationen betreffen die Arbeitsziele oft nur *Aspekte* des Klientsystems, wie zum Beispiel das soziale Funktionieren (T-Gruppen-Training) oder das geistig-sittliche Funktionieren (Erwachsenenbildung). Bei der pädagogischen Beratung[1] von Sozialarbeitern können juristische, psychiatrische und andere Aspekte beiseite gelassen werden (obwohl sie natürlich als *Information* vorhanden sind); bei Beratung innerhalb einer Organisation wird der Einzelne in seiner Rolle als Mitglied der Organisation angesprochen (Sofer). Je tiefer in das System eingegriffen wird, desto stärker muß die Beziehung zwischen dem Dienstleistungssystem und dem Klientsystem auf das Beheben von Bedrohungen, auf das Vermitteln von Sicherheit, auf den Aufbau einer Vertrauensbeziehung und auf das Geben von vorbehaltlos positiver Zuwendung (Rogers) gerichtet sein. Ist der Eingriff weniger tiefgehend, so wird das Vermitteln von Information und Einsicht eine wesentliche Rolle spielen.

Betrachten wir nun das *Machtverhältnis* von der Theorie des Machtspektrums (siehe Seite 41) aus, so zeigen sich auch hier Unterschiede, die mit den verschiedenen Ausgangssituationen übereinstimmen. Als äußerste Extreme wurden genannt: Der gegen seinen Willen hospitalisierte psychiatrische Patient (das Machtverhältnis ist hier annähernd 1/0) und die Situation der

---

[1] Dem *Inhalt* nach pädagogisch, der *Arbeitsweise* nach andragogisch.

Erarbeitung von Untersuchungsresultaten im Auftrag einer Organisation, wobei die Verantwortung für die Verwendung der Resultate ganz bei der Leitung der betreffenden Organisation liegt (das Machtverhältnis ist annähernd 0/1). Zwischen diesen Extremen gibt es wiederum viele Abstufungen; das Beheben des Übergewichtes an Macht ("power equalization"), das auf seiten des Dienstleistungssystems oft vorliegt, kann ein Nahziel auf dem Weg zur Wiederherstellung des selbständigen Funktionierens des Klientsystems sein.

Das *Verhältnis zwischen der personorientierten und der sachorientierten Interaktion* scheint uns ebenfalls verschieden zu sein, je nachdem, ob das System gestört ist oder nicht. Wir glauben dabei als allgemeine Regel sagen zu können, daß, je stärker die Bedrohung und die Abhängigkeit des Klientsystems sind, desto bedeutungsvoller auch das Element der Personorientiertheit ist. Im Sektor der sozialen Begleitung nimmt die Bedeutung des personorientierten Vorgehens bereits ab, während in der Bildungsarbeit die sachorientierte Ebene deutlich dominiert. Das Klientsystem weist dann keine emotionale Abhängigkeit mehr auf, bedarf auch keiner emotionalen Unterstützung mehr, sondern braucht ausschließlich Hilfe im instrumentellen Sachbereich.

Auch hier trifft, wie in den früher genannten Beispielen, zu, daß kein gesetzmäßiger Zusammenhang zwischen der Art der Ausgangssituation und dem Arbeitsfeld der agogischen Aktion besteht –, was wir beschrieben haben, sind *ideal-typische* Skizzen charakteristischer Situationen der Sozialarbeit und ihrer verwandten Gebiete, der sozialen Begleitung und der kulturellen Arbeit. Wir werden zum Beispiel auch in der Bildungsarbeit Widerstände, emotionale Abhängigkeit etc. antreffen – Situationen also, in denen die personorientierte Ebene in den Vordergrund rückt.

Inwiefern sind jetzt aber in der agogischen Aktion Arbeitsbeziehungen vorhanden, die den hier genannten Unterschieden entsprechen?

Auf einer Skala, die hinsichtlich der Ausgangssituation von gestört bis optimal funktionierend reicht (siehe Schema Seite 149), lassen sich folgende Arbeitsbeziehungen aufführen:

Ia. Die *psycho-therapeutische Beziehung*, die folgende Merkmale aufweist:
- geringe Beteiligung des Klientsystems an der Diagnosestellung[1]
- auf das *gesamte* psycho-soziale Funktionieren des Systems, einschließlich der unbewußten Faktoren, gerichtet
- ein Übergewicht an Macht beim Dienstleistungssystem
- relativ große Bedeutung der *personorientierten* Ebene

b. die *sozial-therapeutische Beziehung*, die folgende Merkmale aufweist:
- teilweise Beteiligung des Klientsystems an der Diagnosestellung
- auf das psychische und soziale Funktionieren gerichtet, wobei die unbewußten Faktoren oft ausgenommen werden
- ein geringes Übergewicht an Macht des Dienstleistungssystems mit einer Tendenz zu „power equalization"
- Gleichgewicht zwischen person- und sachorientierter Ebene

IIa. Die *Trainingsbeziehung*[2], die folgende Merkmale aufweist:
- starke Beteiligung des Klientsystems an der Diagnosestellung
- auf das soziale Funktionieren ausgerichtet
- annäherndes Gleichgewicht der Macht
- relativ große Bedeutung der sachorientierten Ebene

b. Die *Konsultationsbeziehung*[3], die folgende Merkmale aufweist:
- starke Beteiligung des Klientsystems an der Diagnosestellung – auf das Funktionieren in einem Teilbereich des Klientsystems (z. B. der Berufsrolle) ausgerichtet
- Gleichgewicht der Macht
- relativ große Bedeutung der sachorientierten Ebene .

[1] Hier muß daran erinnert werden, daß wir der interaktionellen (gegenüber der transaktionellen) Theorie den Vorzug gaben (siehe Seite 131).

[2] Bei der Traningsbeziehung geht es um das Begleiten von Lernprozessen, in denen die Verbindung zwischen einerseits Wissen und Einsicht (ob diese nun im Training erworben wurden oder nicht) und andererseits deren tatsächlicher Anwendung durch das Internalisieren des dazu benötigten Könnens hergestellt wird (Bennis e. a., 1962).

[3] Diese Beziehung wird durch Bennis e. a. (1962) definiert als „an interpersonal relationship between a client-system and change-agent (consultant) in which the latter tries to help the former solve a problem" (eine zwischenmenschliche Beziehung zwischen einem Klientsystem und einem „change-agent" [Konsulenten], wobei letzterer versucht, ersterem bei der Lösung eines Problems zu helfen). De Kock van Leeuwen (1965) nennt in Zusammenhang mit „mental health consul-

IIIa. Die *bildungsorientierte Beziehung*[1], die folgende Merkmale aufweist:

- starke Beteiligung des Klientsystems in der Diagnosestellung mit einer Tendenz zur Selbstdiagnose
- auf das Funktionieren in *einem* Teilbereich des Klientsystems gerichtet
- Gleichgewicht der Macht mit Tendenz zu einem Übergewicht beim Klientsystem
- relativ große Bedeutung der *sachorientierten* Ebene

b. Die (interaktionelle) *Beziehung der Wissensvermittlung,* die folgende Merkmale aufweist:

- Selbstdiagnose
- auf das kognitive Funktionieren ausgerichtet
- Übergewicht der Macht beim Klientsystem
- die sachorientierte Ebene herrscht deutlich vor.

Wir haben die erwähnten Varianten der funktionalen Zusammenarbeit absichtlich nicht bestimmten Arbeitsgebieten zugeteilt. Die Art der agogischen Aktion wird in Zukunft mehr als bisher auf die aktuelle Situation in dem Zeitpunkt, in dem die Aktion aufgenommen oder weitergeführt wird, abgestimmt werden müssen.

Die Hypothese scheint uns gerechtfertigt, daß sich die aktuelle Situation, in der sich das Klientsystem befindet, auf Grund der agogischen Aktion oft so stark verändert, daß die verschiedenen Varianten der funktionalen Bezie-

tation", wobei er sich auf G. Caplan stützt, folgende Merkmale der Konsultation: 1. Interaktion zwischen zwei Fachleuten, wobei der eine Spezialist ist und von einem Spezialismus der hilft; 2. Die berufliche Verantwortung des Klientsystems bleibt vollumfänglich erhalten; 3. Alles, was der Konsulent beiträgt, hat unverbindlichen Charakter; 4. Die Hilfe ist nicht incidentell, sondern auf die Vergrößerung der Möglichkeiten zukünftiger Selbsthilfe des Klientsystems gerichtet.

De Kock van Leeuwen unterscheidet folgende Hauptformen der Konsultation:

a) „client-centered consultation": Diese hat eine möglichst effektive Behandlung des Klienten (d. h. des Klienten des Klientsystems) zum Ziel;

b) „program-centered administrative consultation": Diese hat das Formulieren der Arbeitsweise des Klientsystems in seiner Berufsrolle zum Ziel;

c) „consulter-centered case-consultation": Diese richtet sich auf das Verstärken der beruflichen Rolle des Klientsystems;

d) „consulter-centered administrative consultation": Diese ist auf das Verstärken der Rolle des Klientsystems in der Organisation gerichtet.

[1] In dieser Beziehung geht es um Begleitung in der Entwicklung zur psychischen Erwachsenheit (Ten Have, 1965).

hung der Zusammenarbeit – mit den entsprechenden Strategien – auch innerhalb eines einzelnen Sektors der agogischen Arbeit und im Laufe eines einzigen agogischen Programms auftreten werden. Ein Überdenken der Unterschiede zwischen diesen Varianten und vor allem empirische Untersuchungen der Arbeitssituationen, in denen diese Varianten eingesetzt werden, würden einer möglichst flexiblen, der aktuellen Situation entsprechenden Beziehung zwischen Dienstleistungssystem und Klientsystem zugute kommen.

Aspekte	Ausgangssituation des Klientsystems		
	Störungen	nicht-optimal	optimal
Erstellen einer Diagnose	geringe Beteiligung des Klientsystems	starke Beteiligung des Klientsystems	Selbstdiagnose
Verhaltens-modifikation[1]	auf das *gesamte* Funktionieren des Klientsystems ausgerichtet	auf *Teilbereiche* des Funktionierens des Klientsystems ausgerichtet	auf *Teilbereiche* des Funktionierens des Klientsystems ausgerichtet
Machtverhältnis	Übergewicht an Macht beim Dienstleistungssystem	Tendenz zu einem Gleichgewicht der Macht	Übergewicht an Macht beim Klientsystem
Verhältnis zwischen personorientierter und sachorientierter Ebene	Gleichgewicht zwischen personorientierter und sachorientierter Ebene	Übergewicht auf Seiten der *sach-orientierten* Ebene	starkes Dominieren der *sachorientier-ten* Ebene
Beziehung	psycho-therapeutisch socio-therapeutisch	Training/Konsultation bildungsorientiert	Wissensvermittlung

[1] In bezug auf das psychosoziale Funktionieren.

Kapitel 12

Agogische Aktion und Theoriebildung: Auswertung und Prognose

Wenn wir uns nochmals die Situation hinsichtlich des heute verfügbaren Instrumentariums im agogischen Bereich vergegenwärtigen, halten wir es jetzt für möglich, auf Grund unserer Analyse des Verhältnisses zwischen Theorie und Praxis in der agogischen Arbeit zu einer schärferen Erfassung einer Reihe von Faktoren zu kommen, die den Prozeß der Entwicklung von Arbeitsweisen für die Praxis hemmen. Die wesentlichsten Richtlinien, nach denen sich unserer Meinung nach ein solcher Entwicklungsprozeß vollziehen sollte, haben wir bereits früher erwähnt: Ausgehend von einer Anzahl traditionell bestimmter Arbeitsmethoden, die sich unabhängig voneinander und mit einer sehr spezifischen Bestimmungsfunktion entwickelt haben, muß versucht werden, zu wissenschaftlich fundierten, sozialen Techniken mit einer möglichst neutralen Bestimmungsfunktion zu kommen.

In vielen Bereichen der agogischen Praxis verläuft die Entwicklung, was diesen Prozeß betrifft, äußerst träge, wenn nicht überhaupt ein Stillstand eingetreten ist. Faktoren, die diese Störung in der Entwicklung erklären, sind sowohl in der agogischen Praxis selbst wie in der noch sehr mangelhaften Art und Weise, wie sich die Wissenschaft mit den Problemen der agogischen Aktion beschäftigt, zu finden.

Noch viel zu oft begegnet man in der Praxis einer recht abwehrenden Haltung gegenüber der wissenschaftlichen Theorie und der wissenschaftlichen Forschung. Die Kluft zwischen dieser Theorie und den Problemen der Praxis wird als sehr groß erlebt. Auch wird gefürchtet, man müsse sich Vorschriften unterwerfen, die aus dieser wissenschaftlichen Theorie stammen und denjenigen, die man bisher aus der Praxiserfahrung ableitete, widersprechen.

Man glaubt eine Unvereinbarkeit zwischen dem generalisierenden, reduzierenden Charakter wissenschaftlicher Arbeit und der kasuistischen Orientierung der Praktiker, die mit feinem Fingerspitzengefühl die Einmaligkeit jeder Problemsituation zu erfassen versuchen, wahrzunehmen.

Dies alles führt zur genannten Ablehnung der wissenschaftlichen Theorie und zur geringen Offenheit für wissenschaftliche Forschung. Ein wichtiger Faktor zum Verständnis der Schwierigkeiten in der Entwicklung scheint uns auch im Aufbau der Berufsausbildungen zu liegen; dort ist die Distanz zwischen Basiswissenschaften (Verhaltenswissenschaften und andere Disziplinen), Praxistheorie und Methodik erst ungenügend überbrückt. Wir betrachten die Integration von Einsichten und Kenntnissen als sehr wichtiges Merkmal der agogischen Theorie (siehe Kapitel 7), müssen aber feststellen, daß gerade hier noch viel – allzu viel – dieser Integration dem Absolventen der Berufsausbildung selbst überlassen wird; dieser muß dann versuchen, die unklaren und spärlichen Linien zwischen Bruchstücken der wissenschaftlichen Theorie, der Praxistheorie und der Methodik zu ziehen. Die Problemeinheiten, die er in der späteren Praxis antreffen wird, setzen immerhin das Vorhandensein einer solchen Integration voraus.

Aber auch bei der wissenschaftlichen Theorie sind Faktoren erkennbar, die die Entwicklung des agogischen Instrumentariums behindert haben.

Hier wäre an erster Stelle das Phänomen zu nennen, das wir anderenorts als „horizontale Integration" bezeichnen (siehe Seite 111); die wissenschaftliche Theorie hat noch zu oft den Charakter von gegenseitig unabhängigen Fragmenten.

Es besteht ein großer Mangel an „vertikaler Integration" (Seite 112); die agogische Theoriebildung geht zu wenig von praktischen Problemstellungen aus. Diese noch nicht ganz herauskristallisierte Identität führt auf der Seite der Praxis zu Mißtrauen. Es kommt denn auch nicht selten vor, daß eher Beziehungen zu Disziplinen wie Psychologie, Soziologie und Sozialpsychologie, die eine viel ausgeprägtere Identität aufweisen, unterhalten werden.

Insofern, als die Forschung ihren klassischen Charakter beibehält, das heißt Information aus der Praxis „abzapft" und nur über einen sehr langen Umweg, meist in der Form eines Schlußberichtes an den Auftraggeber, wieder zur Praxis zurückbringt, kann keinesfalls von einer optimalen Unterstützung der Praxis durch die Wissenschaft gesprochen werden. Und insofern, als die Ausbildungen auf Hochschulebene klassisch sind, das heißt dem Erfassen des agogischen Bereiches der Praxistheorie und des methodischen Handelns wenig oder keine Aufmerksamkeit schenken, sind auch da kaum Anregungen für die Entwicklung eines agogischen Instrumentariums zu erwarten.

Man könnte sich, wenn man diese Auswertung vor Augen hat, fragen, ob hier nicht derart tiefe Entwicklungsstörungen vorliegen, daß eigentlich soziatrische Interventionen nötig wären, um wieder eine gesunde Entwicklung in Gang zu bringen. Der hohe Grad an Flexibilität der agogischen Praxis und die Aufgeschlossenheit für Veränderungen, wenn diese als Chance zur Verbesserung der beruflichen Arbeit erlebt werden, berechtigen jedoch zu einiger Hoffnung. Es kann eine wachsende Bereitschaft zur Selbstüberprüfung und Selbstkritik festgestellt werden, eine Bereitschaft auch, mit anderen in Kommunikation zu treten und neue Einsichten auf ihren Wert hin prüfen.

Auf Grund dieser auswertenden Gedanken müssen wir die Prognose stellen, daß sich in der nächsten Zukunft die Wechselbeziehung zwischen der agogischen Praxis und der agogischen Wissenschaft rasch verstärken wird, was die Entwicklung des agogischen Instrumentariums wesentlich stimulieren könnte.

Sowohl auf seiten der Praxis wie auf seiten der Wissenschaft müßten dann allerdings einige Bedingungen erfüllt sein. Diese stehen in engem Zusammenhang zu den Faktoren, die wir in der Auswertung besprachen.

Die Praxis muß folgenden Bedingungen entsprechen: Größere Distanz zu den eingesetzten Arbeitsmethoden durch das Ermöglichen einer Analyse, die auf der Theorie der Beeinflussung, wie sie in verschiedenen Verhaltenswissenschaften vorhanden ist, und auf der Theorie der Verhaltensmodifikation, wie sie in der agogischen Wissenschaft entwickelt wird, aufbaut. Daneben ist eine große Offenheit gegenüber Untersuchungen erforderlich; ein echtes Akzeptieren der Notwendigkeit, auf diese Weise zu einer unmittelbaren Qualitätsverbesserung der agogischen Arbeit beizutragen, und die Bereitschaft, den entsprechenden Aufwand – im ökonomischen und im psychologischen Sinne – zu erbringen.

Für die agogische Wissenschaft ergeben sich aus unserer Auswertung folgende Konsequenzen: Ein systematischer Beitrag zur Analyse der bestehenden Arbeitsmethoden ist notwendig, sowohl in der Form von Untersuchungen nach den gezielten Wirkungen wie in der Form von Prozeßanalysen. Daneben ist „action research" nötig, der der Forderung nach direkter Hilfe für die Praxis entgegenkommt – dabei kann sowohl an Untersuchungen mit sehr rascher Rückkoppelung gedacht werden wie an Arten von Untersuchungen (z. B. Untersuchungen nach der Entwicklung von Leitlinien), bei denen agogische Aktion (z. B. Training) *und* wissenschaftliche Forschung

Bestandteile desselben Projektes sind, auch wenn sie deutlich unterschieden werden müssen. Das Feld-Experiment[1] kann so gesehen besonders gut einem doppelten Ziel dienen: dem Anregen und Fördern der Entwicklung eines neuen Instrumentariums *und* der Theoriebildung in bezug auf dieses Instrumentarium, die über den Weg von Hypothesenbildung und Überprüfung der Praxis auf die Dauer auch wieder dienen kann. Damit dies möglich ist, dürfen solche Untersuchungen allerdings keinen incidentellen Charakter haben, sondern müssen im Rahmen einer systematischen sozialtechnischen Forschung erfolgen.

Die Ausbildung für die Bereiche der agogischen Arbeit wird dabei sowohl auf der Ebene der Fachschulen (insbesondere der Fachschulen für Sozialarbeit) wie auf der Ebene der agogischen Studienrichtungen auch weiterhin ein wichtiges Bindeglied und ein Kommunikationsträger zwischen Praxis und wissenschaftlicher Theorie sein und trägt damit ebenfalls zur Entwicklung des agogischen Instrumentariums bei.

Unserer Ansicht nach werden sich die Berufsausbildungen in nächster Zeit der Frage der Integration *innerhalb* des Bezugsrahmens der Basiswissenschaften, der Praxistheorie und der Methodik als Elemente der Ausbildung vermehrt zuwenden müssen. Dies könnte in der Form einer besseren „horizontalen Integration" generalisiert werden, wodurch sich Theorieeinheiten bilden ließen, die in engem Zusammenhang mit den Problemeinheiten stehen würden (Gruppentheorie, mit Familientheorie[2] als spezialisiertem Teilbereich, Verhaltensbeeinflussung in dyadischen Beziehungen, Verhaltensbeeinflussung in Gruppenbeziehungen etc).

Daneben ist aber auch vermehrte vertikale Integration nötig, indem der agogischen Theorie – die sozial-technische Theorie eingeschlossen – mehr Raum gegeben wird; in diesem Rahmen kann dann eine differenzierte Behandlung der konkreten Praxissituationen stattfinden.

Was die Ausbildung auf Hochschulstufe, die agologischen Studienrichtungen, betrifft, so ist dringend notwendig, daß der Student nebst seiner theoretischen Schulung Gelegenheit erhält, das agogische Feld, die Praxistheorie und die üblichen Methodiken kennenzulernen; das Training in sozialen Basis-

---

[1] Das Projekt „therapeutische Familienpflege" wies diese Form auf.
[2] Gruppen- und Familientheorie umfassen dann sowohl individuell-psychologische, gruppendynamische wie soziologische Elemente.

techniken (individuelle Gesprächsführung, Arbeit mit Gruppen), das ja später ein Bestandteil seiner Arbeit als praktizierender Agologe sein wird, muß in der Ausbildung größeren Raum einnehmen. Daneben wird besondere Aufmerksamkeit zur Erarbeitung der Methodologie der Untersuchung im allgemeinen und jener Form von Untersuchungen, die für die weitere Entwicklung der agogischen Arbeit besonders geeignet sind („agogische Untersuchungen"), im besonderen benötigt werden.

Es muß wohl nicht betont werden, daß diese Bedingungen für das Beheben von Entwicklungsstörungen im agogischen Instrumentarium hohe Anforderungen an die Qualität sowohl der Berufsausbildungen wie der agologisch-wissenschaftlichen Ausbildungen stellen. Wenn dann diesen Forderungen entsprochen werden kann, so wird noch ein unbefangeneres Denken in bezug auf organisatorische Formen der Zusammenarbeit nötig sein.

Zusammenfassung*

In den verschiedenen Bereichen der „helfenden Berufe" hat sich die Entwicklung seit dem Zweiten Weltkrieg mit großer Geschwindigkeit vollzogen. Die Sozialarbeit wurde von einer philanthropischen Bewegung zu einem Beruf; im Gebiet des „mental health" hat sich eine Verlagerung der Gewichtung von der Betreuung und Pflege auf die Behandlung, Präventivmaßnahmen und nachgehende Stützung vollzogen; im Bereich der Jugendfürsorge wurden ganz neue Hilfsmöglichkeiten geschaffen. Aber auch die Gemeinwesenarbeit, das Training in der Industrie und die Erwachsenenbildung werden in stärkerem Maße beruflich angepackt und durch eine erweiterte Praxistheorie und die zunehmende Verwendung wissenschaftlicher Erkenntnisse untermauert.

Obwohl diese und andere Bereiche in der Regel als zusammenhängend erkannt werden (wie der Begriff „helfende Berufe" zeigt), wird kaum je definiert, welches diese Gemeinsamkeiten nun wirklich sind. Ausgehend vom Konzept des „planned change", das sich auf Erziehung und Nacherziehung respektive Bildung und Weiterbildung im weitesten Sinne anwenden läßt, glauben wir sagen zu können, daß diese Bereiche folgende Gemeinsamkeiten aufweisen:

1. Die Aktivitäten sind *planmäßig;* dies läßt sich aus der Differenzierung der *Phasen des „planned change"* (Planung – Intervention – Auswertung) ableiten.
2. Die Intervention basiert in der Regel auf *sozial-technischen Strategien.*
3. Der *„change-agent"* ist ein *berufliches* und *unabhängiges psycho-soziales System* (Individuum, Gruppe oder Organisation).
4. Das *Klientsystem* ist ebenfalls ein *psycho-soziales System* (Individuum, Gruppe, Organisation oder Gemeinwesen).
5. Die Beziehung zwischen dem Klientsystem und dem Dienstleistungssystem ist eine funktionale Beziehung der Zusammenarbeit.
6. Die Ziele umschreiben Veränderungen im Klientsystem, und zwar Ver-

---

* (Anmerkung des Übersetzers: Im Originaltext ist diese Zusammenfassung in englischer Sprache abgefaßt.)

besserungen der psycho-sozialen Struktur und/oder des Funktionierens des Klientsystems.

7. Die Arbeitsziele werden in Übereinstimmung mit den Zielen des Klientsystems bestimmt, sofern diese nicht mit den fundamentalen Werten der Gesellschaft, der der „change-agent" und das Klientsystem angehören, in Konflikt stehen.

Aktivitäten im Rahmen des „planned change" haben verschiedene gesellschaftliche Funktionen. Eine davon ist die Behebung von *Störungen* beim Klientsystem (Sozialarbeit, seelische Gesundheitspflege, Jugendfürsorge etc.). Eine andere betrifft das Vermitteln von Hilfe, damit auch da, wo keine akuten Störungen vorhanden sind, das Klientsystem möglichst befriedigend funktionieren kann (Gemeinwesenarbeit, Training in der Industrie etc.). Eine dritte Funktion schließlich ist das Heben des Standards eines normalen Klientsystems durch die Vermittlung neuer Normen (Erwachsenenbildung).

In den Arbeitsgebieten, die den drei erwähnten Funktionen entsprechen, sehen wir immer mehr, wie das auf Erfahrung und Intuition beruhende Handeln durch systematisches, geplantes methodisches Vorgehen ersetzt wird. Die entsprechenden Methoden erfüllen hier eine Funktion, die in sehr hohem Maße derjenigen der Wissenschaften (Techniken) entspricht.

Der Begriff „Technik" ist überall dort zutreffend, wo Menschen standardisierte Arten des Vorgehens zur Erreichung bestimmter Ziele einsetzen, die auf Erfahrung, rationaler Auseinandersetzung, wissenschaftlichen Kenntnissen, Berechnungen etc. basieren. Typisch für die *moderne* Technik ist die wissenschaftliche Basis. Methoden im Bereich der zwischenmenschlichen Beziehungen (soziale Techniken) basieren jedoch immer noch in hohem Maße auf vor-wissenschaftlichen Kenntnissen (Praxistheorie) und noch kaum auf angewandten Verhaltenswissenschaften. Zudem wurden die sozialen Techniken in der Regel im begrenzten Bereich eines Arbeitsgebietes entwickelt. Dies hat die Entwicklung einer wissenschaftlichen Theorie des instrumentalen Aspektes des „planned change" (soziale Technologie) erheblich verzögert.

In der Theorie des „planned change" wird ausgesagt, daß der „planned change" durch eine kumulative Reihe von Teil-Aktionen herbeigeführt wird. Nach Lewin, Lippitt, Watson und Westley und anderen können die folgenden Phasen unterschieden werden:

1. die Feststellung eines Bedürfnisses nach Veränderung oder die Entwicklung eines latent vorhandenen Bedürfnisses;
2. das Bestimmen der Arbeitsziele und das Stellen der Diagnose;
3. das Bestimmen der Strategie;
4. die eigentliche Verhaltensänderung;
5. die Generalisierung und Stabilisierung der erreichten Wirkung;
6. die Auswertung.

Gegenwärtig besteht die Strategie gewöhnlich in einer spezifischen Methode, die sich im Verlaufe der Jahre allmählich herausgebildet hat und eng mit einem spezifischen Bereich des „planned change" verbunden ist. In der seelischen Gesundheitspflege ist dies in der Regel ein psychotherapeutisches System, wie die Psychoanalyse oder die „client-centered therapy". Die Methode der T-Gruppe dagegen wird in einem breiteren Bereich eingesetzt. Einzelhilfe und Gruppenarbeit haben bereits eine lange Entwicklungsgeschichte im Bereich der Sozialarbeit. Die therapeutische Familienpflege ist ein Beispiel für eine erst kürzlich entwickelte Methode zur Behandlung von Kindern, die schwere Verhaltensstörungen aufweisen. Diese Methode hat ihren Ursprung in einem Feld-Experiment, das unter wissenschaftlicher Beratung an der Kinderpsychiatrischen Klinik der Universität Groningen (Niederlande) durchgeführt wurde. Ihr wesentlichstes Merkmal ist die Kombination einer sehr gezielten Plazierung des Kindes in einer Pflegefamilie bei intensiver Beratung der Pflegeeltern durch einen psychiatrisch geschulten Sozialarbeiter mit einer psychotherapeutischen Behandlung des Kindes. Ein beratendes Team, bestehend aus Experten verschiedener Richtungen, befaßt sich mit der Integration dieser beiden Elemente.

Die Praxistheorie, die in einigen Bereichen des „planned change" noch immer von größter Bedeutung ist, unterscheidet sich von der wissenschaftlichen Theorie durch die normative Komponente, die kasuistische Tendenz und den eher deskriptiven als interpretativen Charakter ihrer Analyse.

Die Forderung nach einem deutlich umgrenzten Bereich wissenschaftlicher Theorie, der sich mit Fragen des „planned change" befaßt, wurde von verschiedenen Disziplinen her gestellt (Zetterberg, Gouldner, Bennis, Myrdal, Greenwood, Thelen u. a.).

Eine angewandte soziale Wissenschaft in diesem System müßte eine *empirische* Wissenschaft sein, in der der normative Aspekt, der in jeder Form des „planned change" zentral steht, als empirische Gegebenheit aufgefaßt würde

(Wertvorstellungen). Eine solche Wissenschaft wird durch zwei Grundzüge gekennzeichnet sein: 1. durch Nützlichkeit für das Vermitteln von Hilfe durch „planned change" und 2. durch Theoriebildung. Dies schließt auch eine doppelte Integration ein: 1. erfordert die praktische Problemeinheit, die Ausgangs- und Endpunkt der Analyse ist, einen multidisziplinären Gebrauch der gesamten Breite der Erkenntnisse der Verhaltenswissenschaften (horizontale Integration), und 2. sind die Beziehungen zwischen den einzelnen Komponenten der Problemsituation durch die *Norm* der Situation, die als wünschbarer betrachtet wird, bestimmt (vertikale Integration). Wo diese Norm nicht deutlich ist – sie kann zum Beispiel durch Widerstände gegen Veränderung verdeckt sein –, wird eine solche angewandte Verhaltenswissenschaft notwendigerweise *klinischen* Charakter haben (Gouldner) und sich auf Variablen beziehen müssen, die *beeinflußbar* sind (Bennis).

Entsprechend einer wissenschaftlichen Technologie kann auch eine soziale Technologie (im Sinne einer Wissenschaft des instrumentalen Aspektes des „planned change") drei Funktionen haben:

1. Theoriebildung mit Bezug auf den instrumentalen Aspekt;
2. Klärung der Aussagen, die in vorwissenschaftlichen Begriffen gefaßt wurden;
3. Kontrolle über sozial-technische Prozesse und theoretische Überprüfung der (sozialen) Techniken.

Der Mangel an Deutlichkeit des technischen Aspektes des „planned change" kann teilweise auch dem Fehlen einer Theorie des Veränderungsvorganges („theory of changing") – zusätzlich zu den bestehenden Theorien des sozialen Wandels – zugeschrieben werden; in einer solchen Theorie müßte besonders der Frage nachgegangen werden, *welche Variablen beeinflußbar sind.* In diesem Zusammenhang ist es wichtig für eine Wissenschaft des „planned change", daß Modelle der Verhaltensmodifikation aufgebaut und überprüft werden. *Dabei verstehen wir unter Verhaltensmodifikation die bewußte Einführung von Veränderungen in die Struktur und/oder das Funktionieren eines psycho-sozialen Systems.* Effektive Modelle müssen *Entscheidungs*modelle sein. Um die Möglichkeit solcher Modelle zu überprüfen, wird ein Modell entworfen, das folgende Variablen umfaßt:

– (drei) Phasen der Verhaltensmodifikation
– Spezifizierung der Ausgangssituation des Klientsystems
– Modifikationsmechanismen

- das Machtverhältnis zwischen Dienstleistungssystem und Klientsystem
- die direkte Wirkung der Modifikationsmechanismen.

In diesem Modell kommt den *Modifikationsmechanismen* eine Schlüssel-position zu; sie lassen sich umschreiben als *Prozesse innerhalb des Klient-systems, die zu Veränderungen in der Struktur und/oder dem Funktionieren führen und die weder zufällig noch absolut determiniert sind, sondern einen gewissen Grad an Vorhersehbarkeit aufweisen und durch äußere Inter-vention in Gang gebracht werden können.* Dieses versuchsweise konstruierte Modell ist lediglich von Interesse im Sinne eines Experimentes im Erstellen von Modellen für den Bereich der gezielten Veränderungen. Wollte man Modelle mit einem direkten praktischen Wert entwerfen, so müßte auf die Fragen der Gültigkeit und Vertraubarkeit der benützten Konzepte und Theorien eingegangen werden, sowie auf die Operationalisierbarkeit der Variablen und deren Bedeutung.

Ein genauer definierter Gebrauch des Konzeptes der „Strategie", das im allgemeinen eher vage und in Übereinstimmung mit demjenigen der Planung verwendet wird, könnte für die Erforschung der Beziehung zwischen Dienst-leistungssystem und Klientsystem hilfreich sein. Hauptmerkmal dieses ge-nauer gefaßten Gebrauches wäre die Hervorhebung des Aspektes der gedanklichen Vorwegnahme (Antizipation) des Verlaufes der Aktion. Eine Strategie erfaßt alle Möglichkeiten, die ein „Spieler" für seine „Gegenzüge" hat. Die möglichen Entscheidungssituationen werden in Entscheidungsricht-linien gefaßt. Beim Versuch, eine optimale Strategie zu entwerfen, werden die *Wahrscheinlichkeit* gewisser Wirkungen und die *Wünschbarkeit* der Resultate mit Hilfe der gesamten verfügbaren Information über wichtige Faktoren eingeschätzt oder berechnet.

Eine Strategie im Feld der gezielten Veränderung, in dem die Beziehung zwischen Klientsystem und Dienstleistungssystem eine funktionale Bezie-hung der Zusammenarbeit ist, kann unter Verwendung von Begriffen aus der Spieltheorie (Schelling) umschrieben werden als eine *gemischte Strategie mit Tendenz zur Ausschaltung des Konfliktelementes.*

Das Entwerfen einer Strategie kann als eine Ebene der Planung gesehen werden (im Sinne einer Spezifikation der Planung auf der Ebene des Managements und einer Voraussetzung für die taktische Planung).

Zur Strategie gehört aber auch die Wahl der *Beeinflussungstechniken;* damit sind *potentielle Arten des Verhaltens, die durch Intervention die Verhaltens-modifikation der gewünschten Wirkung entsprechend steuern,* gemeint. Es können verschiedene Arten von Techniken unterschieden werden: solche, die Verhalten provozieren; solche, die Verhalten modifizieren; solche, die Verhalten stabilisieren etc. Die Techniken schränken das Spektrum der möglichen Interventionen ein, ohne jedoch deren Form und Inhalt völlig vorzugeben. Die *aktuelle Intervention,* worunter wir das *verbale und nicht-verbale Verhalten des Dienstleistungssystems, durch das Modifikations-mechanismen angeregt werden,* verstehen, wird teilweise durch die aktuellen Gegebenheiten (Rückkoppelung) der Beeinflussungssituation bestimmt (taktische Planung). Die funktionale Beziehung der Zusammenarbeit muß zwar von der rein persönlichen Beziehung unterschieden werden, umfaßt aber sowohl einen personorientierten wie einen sachorientierten Aspekt. Das Verhältnis zwischen diesen Elementen wird durch die Ausgangssituation des Klientsystems mitgeprägt. Es können daher, je nach Ausgangssituation, auch andere Formen der funktionalen Zusammenarbeit vorkommen.

Wenn in der Grundsituation des Klientsystems Störungen vorhanden sind, wird die Diagnose im wesentlichen durch das Dienstleistungssystem erstellt. Die Verhaltensmodifikation wird sich vorwiegend auf das *gesamte* Funktionieren des Klientsystems richten, auf seiten des Dienstleistungssystems wird ein deutliches Übergewicht an Macht vorhanden sein, und es wird eine gewisse Ausgeglichenheit zwischen personorientierter und sachorientierter Interaktion herrschen. Je *normaler* die Ausgangssituation des Klientsystems jedoch ist, desto stärker kann sich die Diagnose in Richtung einer Selbst-diagnose verlagern, und desto eher wird sich die Modifikation auf *Teil-*Aspekte des Funktionierens richten. In diesen Fällen kann das Machtver-hältnis ausgeglichen sein oder sogar zu leichtem Übergewicht auf seiten des Klientsystems tendieren. Auch wird die sachorientierte Ebene vermutlich überwiegen.

Für die zukünftige Entwicklung von agogischen Aktionen ist wichtig, daß eine wissenschaftliche Analyse des technischen Aspektes des Veränderungs-vorganges innerhalb des Bezugsrahmens einer sozialen Technologie auf systematischere Weise, als dies bisher der Fall war, möglich wird.